Álex Vaughtton

Revolución No-code

TÍTULOS ESPECIALES

Primera edición: enero de 2026

Diseño y composición de cubierta: Celia Antón Santos
Algunas ilustraciones e imágenes: © 2003-2026 Shutterstock, Inc.
Textos y el resto de imágenes: Copyright © 2026 Álex Vaughtton
Todos los derechos reservados

© EDICIONES ANAYA MULTIMEDIA
  (GRUPO ANAYA), 2026
  Calle Valentín Beato, 21
  28037 Madrid

PAPEL DE FIBRA
CERTIFICADA

ISBN: 978-84-415-5276-0
Depósito legal: M-19148-2025
Impreso en España

Álex Vaughtton

Revolución <N0> CODE

CONSTRUYE NEGOCIOS
SIN APRENDER A PROGRAMAR

A mis padres, por inculcarme la pasión por compartir mi conocimiento; a Xoán, por animarme a dar el primer paso. A Danny, por abrirme la puerta a soñar en grande y, en especial, a Iria, que ha vivido cada página de este libro en primera persona.

Índice

1. Las revoluciones tecnológicas

Cada vez que aparece una nueva tecnología, nos transformamos como sociedad.

Esta máxima lleva cumpliéndose desde que la sociedad es sociedad. Los grandes pasos adelante que hemos dado como especie están marcados por grandes invenciones que revolucionan la manera en la que somos y la manera en la que nos comportamos.

Asociamos, no obstante, tecnología a lo tecnológico: el mundo de la computación, los móviles, los microchips y toda la revolución relacionada con esta última iteración. Sin embargo, esto lleva sucediendo desde tiempos inmemoriales.

Antes del papiro, el conocimiento era oral

Remontémonos a la antigüedad. Pongamos que estamos hace unos cuatro mil años, en la época de los faraones y las grandes pirámides.

La cultura era oral. La manera de transmitir el conocimiento y todo lo que somos como cultura era a través de las historias, los cuentos y las leyendas que pasaban de padres a hijos a lo largo de generaciones. Conservar estas historias, condensadas de una forma fácil de recordar, era vital, puesto que traían consigo aprendizajes de generaciones anteriores. Ejercitar la memoria era superimportante, pero al final siempre hay un límite de lo que somos capaces de recordar como persona individual.

Existen maneras de hacer que la información sea más permanente, como por ejemplo las tablillas; sin embargo, esto es algo caro, reservado únicamente a las cosas más importantes del Estado, como puede ser la recaudación de impuestos. Hace aproximadamente mil años que se inventó (que tengamos constancia) la escritura, pero está lejos de ser algo común.

Esta tradición oral hace que sea realmente difícil evolucionar como especie. Si el conocimiento se pierde y no permanece registrado en ningún lugar, es difícil acceder a él.

Te pido que eches la vista atrás unos dos mil años aproximadamente. La época de los romanos. Sería impensable para un romano de aquella época imaginarse en lo que se convertiría su pequeña ciudad de Lucus Augusta, o entender que podría tener todo el conocimiento del mundo al alcance de su mano en un smartphone.

Sin embargo, si nos remontamos seis u ocho mil años atrás, la vida de aquellas personas era realmente similar a la que tenían sus antecesores de miles de años antes. La vida fundamentalmente no cambiaba. Evolucionaba, sí, pero a un ritmo tremendamente lento.

Entonces, ¿qué pasó para que se acelerara esta evolución?

Una de las causas la podemos encontrar en la invención del papiro. La planta del papiro se encuentra en los cursos de agua tropicales, como por ejemplo en el río Nilo o el río Níger. A través de un proceso, era posible convertir el tallo de esta planta en una lámina u hoja que permitiera escribir sobre este papiro de una manera mucho más sencilla, y sobre todo barata, en comparación con las tablillas. Ya no está reservado a las cosas más importantes del Estado, sino que es algo a lo que mucha más gente puede acceder.

Este pequeño cambio significa que ya no estamos limitados como sociedad a lo que tenemos en nuestras cabezas, sino que podemos preservar este conocimiento en forma de rollos de pergaminos, en los que se traspasen las historias orales, pero también conocimiento de medicinas, enfermedades y mucho más.

Adelanta hasta el día de hoy: el papel es algo tan común que ni te imaginas que hace miles de años supusiera una revolución tan grande. Pasamos de una sociedad oral a una sociedad escrita, todo gracias a la tecnología.

Del papiro al libro

Si bien el papiro permitía escribir y transmitir el conocimiento, seguía siendo algo caro y reservado a las élites, compitiendo con su archienemigo, el pergamino (hecho con pieles). La mayoría de los libros eran objetos de lujo, ya que tenían que ser copiados a mano por copistas especializados que podían tardar meses o años en terminar un libro.

El conocimiento estaba reservado a la nobleza, a la clase más alta, lo que ayudaba a que se mantuvieran estables en el poder y hacía de la transferencia de clase un reto mayúsculo.

Sin embargo, hace unos cuantos años, exactamente en el año 1450, un pequeño invento de nuevo transforma de manera esencial nuestra vida: la imprenta de Gutenberg.

Mediante un sistema de planchas y de pequeñas letras prefabricadas que se empapaban en tinta, permitía hacer copias de libros a una velocidad jamás vista hasta entonces. Desde aquel momento, el acceso a los libros cambió para siempre. Ya no era algo reservado a la nobleza, sino que cualquier persona podía tener su propia copia de libros importantes para la época como fue la Biblia de Gutenberg.

Con el paso del tiempo, esto permitió que cada vez más gente pudiera acceder al conocimiento que encierran las páginas de los libros, haciendo que este movimiento social fuera algo mucho más sencillo, ya que ahora casi cualquier persona puede tener acceso a un libro que le facilite aprender y formarse.

Pero demos un paso más y aceleremos hasta principios del siglo XX, en el que llegan otros inventos para revolucionar el mundo: la máquina de escribir y el ordenador personal.

De repente, cualquier persona puede escribir documentos a una velocidad vertiginosa a comparación con hacerlo a mano.

Con una máquina de escribir puedes llegar a trescientas palabras por minuto, algo que sería impensable hacer a mano.

Esto supone que, de nuevo, sea más fácil escribir y hacer que más gente pueda llegar a publicar su propio libro. Hoy en día, publicar un libro es algo muy sencillo, simplemente escribe en tu ordenador el manuscrito, encuentra alguien que te lo publique (u opta por la autoedición) y puedes tener tu libro listo y publicado en semanas. Esto hace que el número de libros y el número de personas que pueden escribir un libro aumente de manera exponencial.

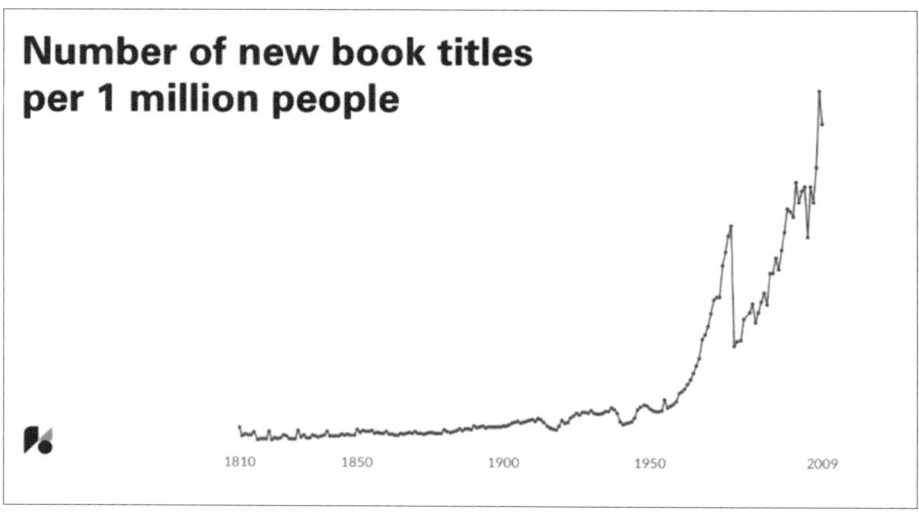

Número de nuevos libros publicados por millón de persona.

Las revoluciones exponenciales en la música

El ritmo de cambio y evolución de la sociedad se está acelerando. Si hablábamos de que hace dos mil años el mundo era fundamentalmente diferente, ahora este periodo se puede reducir a una o dos generaciones. La generación de mis padres no nació con un ordenador en casa. Los niños que están entrando ahora mismo en el colegio no concebirían la vida sin un smartphone. En menos de cincuenta años, la tecnología ha dado saltos espectaculares, haciendo que cosas de nuestro día a día (como escribir este libro en un ordenador portátil) fueran impensables hace solamente unas décadas.

Pongamos el ejemplo del mundo de la música.

Si a principios del siglo pasado querías triunfar en el mundo de la música necesitabas dos cosas: técnica musical y una suerte descomunal.

Y es que el simple hecho de conseguir que alguien grabara para ti un vinilo con tu música era realmente complicado. Para ello no bastaba con hacer buena música, sino que tenías que ser capaz de convencer a una discográfica de que tu música era buena, pero de que además iba a gustar al público.

Estas discográficas hacían apuestas un poco a ciegas, pero también tenían la posibilidad de hacer o romper carreras de artistas, influyendo en qué canciones sonaban en la radio, qué álbumes recibían más promoción y jugaban un factor esencial en el mundo de la música.

Ahora, en pleno 2024, esto está al alcance de cualquier persona que tenga un teléfono móvil. Si cantas/tocas bien, es posible que te grabes en tu propia habitación, subas un vídeo a YouTube, te descubra un representante de una discográfica y empiece tu carrera fulgurante en el mundo de la música, como le pasó a Justin Bieber.

Sin embargo ahora ya ni siquiera es necesario tener una discográfica detrás para dar tus primeros pasos en la música. Con la llegada de los ordenadores, tenemos al alcance de nuestras manos software de grabación de música profesional que te permite crear música, grabarla y distribuirla sin necesitar a nadie. Con las redes sociales, como Instagram, TikTok o el mismo YouTube, puedes incluso llegar directamente a la audiencia y conseguir tener fans, dar conciertos y lanzar una carrera por tu cuenta sin necesitar una discográfica de por medio para poder empezar.

Esto, de nuevo, permite que ser músico o música sea un sueño al alcance de millones de personas y que cada día surjan cientos de artistas, miles de canciones y decenas de miles de minutos de música nueva.

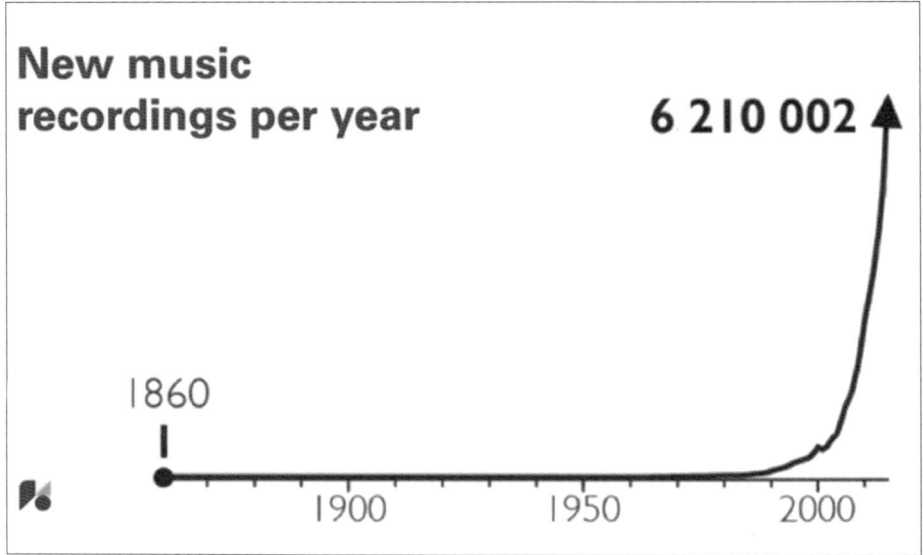

New music recordings per year 6 210 002

1860

1900   1950   2000

Número de nuevas grabaciones musicales al año.

Democratización a través de la tecnología

Como hemos visto, una tecnología nueva nos permite dar un salto como sociedad y permite que esta sea cada vez más democrática. Cualquier persona puede componer una canción, grabarla y subirla, así como puedes escribir un libro, autopublicarlo y convertirte en *best-seller*. Es difícil, por supuesto, pero es algo al alcance de cualquier persona. Después, la suerte y la aleatoriedad juegan su papel en que suceda: cuantas más personas puedan tener acceso a una tecnología, más evolucionaremos como sociedad.

Pero, sin duda, una de las revoluciones que más nos ha impactado como sociedad es la aparición de los ordenadores y el mundo de la programación; es por eso por lo que vamos a adentrarnos de lleno en esta revolución tecnológica, que sienta las bases del ecosistema No-code/Low-code que dan pie a este libro.

Referencias

https://resources.formstack.com/reports/rise-of-the-no-code-economy/history

https://historia.nationalgeographic.com.es/a/asi-se-origino-escritura-antigua-mesopotamia_20605#:~:text=Hace cinco mil años%2C en,delicado oficio en las escuelas.

https://webflow.com/resources/ebooks/the-no-code-revolution

https://historia.nationalgeographic.com.es/a/gutenberg-inventor-que-cambio-mundo_11140

2. El desarrollo visual

Hemos visto cómo, cada vez que aparece una nueva tecnología, significa cambios a nivel de sociedad. Sin embargo, cuando hablamos de No-code, la palabra correcta para definirla sería «movimiento» o «revolución»; de aquí el título de este libro.

Como tantas cosas que nos parecen nuevas e innovadoras, este movimiento lleva décadas entre nosotros. Si quisiéramos buscar su origen, tendríamos que remontarnos a principios de la década de los ochenta, momento en el que el mundo estaba dominado por la primera generación de ordenadores personales.

Ya habíamos dado un salto de gigante desde los antiguos *mainframes* de IBM, ordenadores que literalmente ocupaban lo mismo que una habitación, a ordenadores con un tamaño reducido, gracias a una pequeña compañía por aquel entonces llamada Intel.

Con la invención del Intel 4004, se dio el primer paso para que los ordenadores, reservados a centros de investigación y centros educativos, pudieran reducir su tamaño hasta conseguir algo que realmente fuera práctico en un hogar. Si bien este chip no tenía potencia más que para hacer funcionar una calculadora, dio comienzo a una carrera hacia construir más y más microprocesadores, cada vez más y más potentes, permitiendo que se vislumbrara un futuro cercano en el que todo el mundo tuviera un ordenador en su hogar.

Probablemente, si ahora estuvieras viviendo esta época es muy probable que pensaras que esto era una absoluta locura, puesto que estos primeros ordenadores eran caros, difíciles de usar y de mantener. Pero el potencial estaba ahí.

Es en ese momento cuando empieza una carrera fascinante por abrir el mercado de los microprocesadores y los ordenadores más pequeños, pensados para ser usados por personas en sus casas y no por grandes empresas. Probablemente te suenen los nombres de las empresas que fueron pioneras en el movimiento, como Hewlett-Packard o Sun Microsystems, tal vez conozcas una pequeña compañía llamada Apple que se sumó a esta carrera en el año 1976 con su Apple I.

Todas ellas competían contra el gigante de aquellos tiempos, IBM, la empresa encargada de vender la mayoría de los ordenadores que utilizaban las empresas, los referentes de la innovación y el desarrollo de la computación. En 1981, deciden atender a un mercado diferente, el del gran consumo, lanzando lo que daría origen al término PC, ya que lanzaron en ese año su primer ordenador personal, el IBM Personal Computer (PC por sus siglas en inglés).

Este ordenador, aunque ahora pueda parecer rudimentario, era un paso de gigante de cara a acercar la visión de que todo el mundo tuviera un ordenador en su casa. Sin embargo, era realmente difícil de utilizar para una persona normal y corriente, sin mencionar lo difícil que era poder permitirse un ordenador personal en aquella época. Fue el primer paso de un avance imparable, tratando de seguir las tendencias del mercado y la evolución de la velocidad de procesamiento de los microprocesadores, que aumentaba exponencialmente.

Pero todo cambia en el año 1983.

El nacimiento de la interfaz visual

Aunque ahora el término «escritorio» o abrir una ventana de una aplicación pueda sonar a algo común y obvio, los ordenadores antes de 1983 eran algo totalmente diferente. Líneas de comandos, pantallas monocromáticas…; la interacción con un ordenador era mayormente basada en texto.

Es entonces cuando Steve Jobs anuncia en 1983 el Apple Lisa, el primer ordenador del mundo que tiene una interfaz visual.

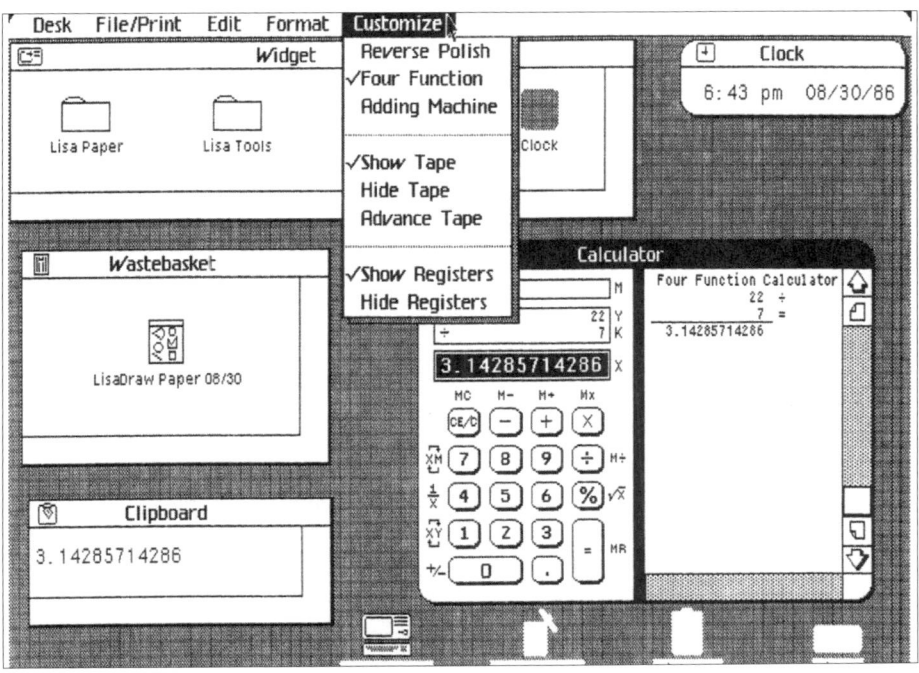

En vez de interactuar mediante texto, este ordenador ofrecía un entorno visual en el que podías ver los archivos de tu ordenador, pudiendo navegar literalmente por la pantalla gracias a otro invento realmente revolucionario: el ratón. Fue también la primera vez en la que teníamos el concepto de ventanas de aplicaciones que se sobreponían unas a otras, como si estuvieran unas más cerca que otras. Fue el comienzo de las tipografías dentro de un ordenador y en definitiva un hito realmente revolucionario en el mundo del ordenador personal.

Sin embargo, fue un auténtico fracaso comercial. Su precio de 10 000 dólares hacía que fuera prácticamente inalcanzable, y se vendieron solamente 10 000 unidades del Apple Lisa. Pero el primer paso hacia el mundo de la interacción visual con un ordenador estaba ya dado.

Tras este producto, los sistemas operativos basados en texto tuvieron que apartarse y sumarse a esta nueva experiencia visual, momento en el que otra pequeña compañía de desarrollo de software llamado Microsoft llega con su versión de Windows 3.0 en 1990.

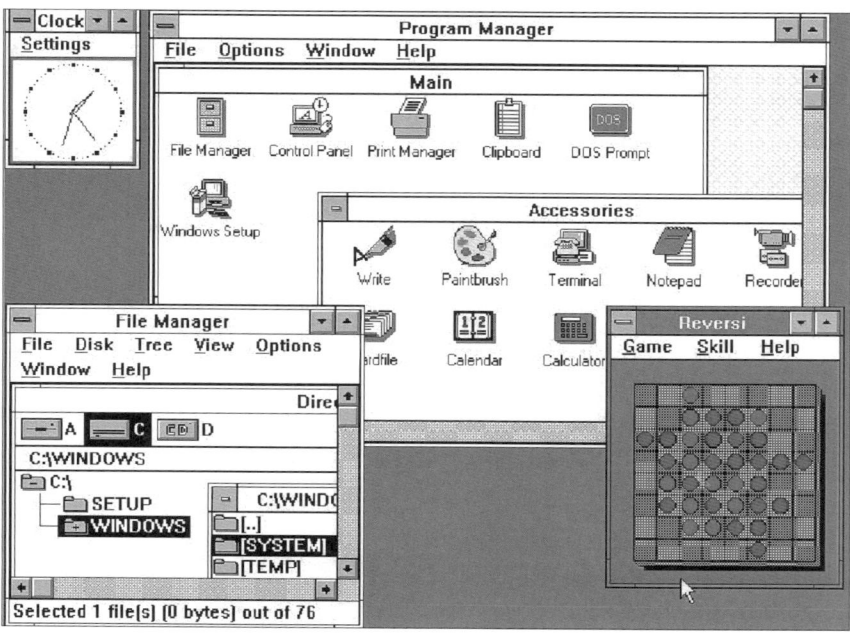

El mundo había cambiado y evolucionado, los PC clónicos (copias de IBM) acercaron a mucha más cantidad de gente la posibilidad de tener un ordenador en su hogar y Windows 3.0 hizo que la experiencia de utilizar un ordenador no fuera algo reservado a gente con experiencia programando, sino que casi cualquier persona pudiera utilizarlo de manera intuitiva, gracias a un teclado, un ratón y una pantalla. El pasar de una interfaz basada en texto a una interfaz visual supuso una democratización del ordenador personal.

Desde aquella época hasta ahora, el mundo de los ordenadores personales ha cambiado, sí, pero continuamos utilizando los paradigmas y experiencias de usuario que se definieron hace más de treinta años por estos primeros ordenadores personales.

El nacimiento de la programación visual

El sistema operativo (pongamos Windows 3.0) te permitía utilizar el ordenador y aprovechar lo que traía por defecto. Sin embargo, cuando querías hacer algo un poco más personalizado, era necesario escribir código, texto puro y duro, que diera vida a las aplicaciones que después los usuarios utilizaran. Este paradigma de que el código se cree mediante texto ha continuado manteniéndose hasta hoy, ya que es posible construir cualquier cosa que te puedas llegar a imaginar simplemente escribiendo texto.

El lenguaje de programación de esas primeras versiones de Microsoft era conocido como BASIC, probablemente uno de los primeros lenguajes que acercaron la programación al mundo más personal. Que fuera texto tenía sentido en el año 1980; al fin y al cabo, el sistema operativo también estaba basado en texto. Sin embargo, con la llegada de las interfaces gráficas y las versiones posteriores de Windows, cabía la posibilidad de imaginar un paradigma diferente.

Una interfaz visual, en la que te puedes mover mediante tu ratón, permite maneras diferentes de interactuar con el ordenador, al igual que permite maneras diferentes de escribir el código que da vida a las aplicaciones de estos ordenadores. Por eso en 1991,

Microsoft lanza Visual BASIC, el primer programa que te permitía desarrollar una aplicación en BASIC mediante una interfaz visual. Aprovechando el ratón como manera de interactuar, disponías de elementos como botones, campos para introducir datos, textos, imágenes y otras muchas funcionalidades que estaban preconstruidas y que podías ver cómo eran en tiempo real.

Construir la interfaz era tan sencillo como crear una ventana y arrastrar dentro de ella los componentes que necesitaras en tu programa. Cuando quisieras hacer la lógica posterior, podías entrar al detalle y continuar utilizando el código basado en texto para cosas más complejas. Es lo que se conoce como un sistema WYSIWYG (lo que ves es lo que tienes, por sus siglas en inglés).

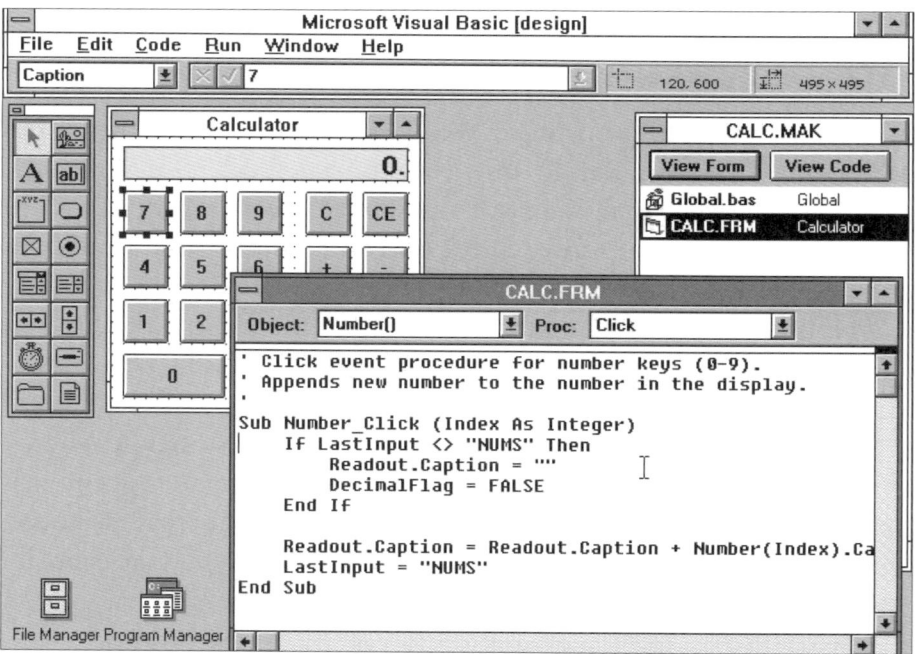

Combinar la interfaz visual para desarrollar la parte con la que el usuario interactúa con el código más «tradicional» para la parte lógica hizo que tuviera una muy buena acogida entre los desarrolladores, especialmente entre aquellos que se sentían un poco intimidados por el mundo del código más tradicional. Para miles de personas esta herramienta fue su primer acercamiento a desarrollar un software gracias a que era mucho más intuitivo.

¿Qué nivel de abstracción quieres?

Estas herramientas de desarrollo visual no son más que pequeñas abstracciones del código que está por debajo. Por ejemplo, imagina que el código para añadir un botón en HTML es:

```
<button type=«button»>Click Me!</button>
```

Yo podría escribirlo literalmente en un editor de texto, pero si dispongo de una interfaz que me permite simplemente hacer clic en un lugar y que eso añada un botón a mi aplicación, estaremos haciendo realmente lo mismo.

Cuando yo añado un botón mediante una interfaz visual, por detrás se está generando el código correspondiente que hace que mi aplicación tenga este botón y que sea completamente funcional. Literalmente, es una manera más rápida de escribir el código —sucede sin que nos demos cuenta—.

Sin embargo, incluso ese código que veíamos anteriormente es una simplificación y abstracción de lo que sucede realmente. Los ordenadores no entienden de interfaces visuales, ni de líneas de código ni nada por el estilo. Son una combinación de bits, pequeños elementos que pueden estar en dos estados (1 y 0). Combinando estos bits, es posible hacer operaciones lógicas con ellos para conseguir lo que nosotros buscamos.

No verás a nadie programar con 1 y 0 hoy en día, entonces, ¿cómo hacemos que nuestros programas funcionen?

La respuesta es que buscamos hacernos la vida un poco más sencilla gracias a la creación de herramientas que simplifiquen la tarea de desarrollar. Una primera aproximación podría ser el lenguaje ensamblador, que es lo más cercano que existe a desarrollar con bits.

Un ejemplo de código podría ser:

```
MOV AL, 1h ; Load AL with immediate value 1
MOV CL, 2h ; Load CL with immediate value 2
MOV DL, 3h ; Load DL with immediate value 3
```

Este lenguaje nos permite interactuar con la memoria de nuestro ordenador mediante una serie de instrucciones que nos facilitan el realizar las operaciones que queremos que nuestro código pueda hacer.

Pero continúa siendo un lenguaje difícil de gestionar, ya que es un lenguaje de programación de bajo nivel, muy muy cerca de cómo se interactúa con estos bits. La realidad es que, al final, todos los programas que utilizamos hoy continúan siendo —bajo unas cuantas capas— código de este estilo. Lenguajes como JavaScript, que probablemente te suenen, son lenguajes de alto nivel que permiten escribir un código mucho más legible y entendible por humanos.

Buscamos de nuevo la sencillez a la hora de conseguir que los ordenadores hagan lo que nosotros buscamos, por lo que creamos simplificaciones que por detrás hacen lo mismo. Sin embargo, por detrás habrá un compilador que se encargará de convertir el código legible por humanos en código que el ordenador pueda entender.

Veámoslo con un ejemplo, en este caso en JavaScript. Esta es una función que coge dos números y los suma:

```
const sumar = (a, b) => a + b;
```

Si te fijas, lo que está ocurriendo es que paso dos números, pongamos 1 y 3, y los suma, devolviéndome en este caso 4. Pero para que esto suceda, es necesario que el ordenador entienda que estás queriendo definir una constante con el verbo «const», que esa variable se llama «sumar» y que el signo «+» significa que quieres sumar dos números. Esto es completamente transparente para ti; sin embargo, por detrás alguien ha tenido que programar que esto suceda.

El desarrollo visual es, simplemente, un nivel de abstracción más del código.

La abstracción visual

Con la aparición de la interfaz visual y Visual Basic, empezaron a evolucionar los lenguajes y con ello vinieron mejoras a la hora de escribir ese código, como los IDE (entornos de desarrollo), que facilitaban enormemente la tarea de escribir código.

Estos entornos son pequeñas herramientas que proporcionan una experiencia más refinada a la hora de desarrollar, permitiéndote, entre otras cosas, tener mejor organizados los archivos de un proyecto, instalar las librerías y dependencias necesarias o colorear el texto de un programa para mejorar su legibilidad.

Entre esas funcionalidades que añaden estos IDE está el autocompletado, que sugiere componentes y elementos que añadir a tu aplicación. De esta manera es mucho más rápido crear el código, ahorrando tiempo innecesario para, por ejemplo, añadir un nuevo contenedor, un nuevo botón o implementar una determinada función.

Sin embargo, tienes que dar un salto entre la aplicación construida (que vive en un servidor o en un entorno de pruebas) y el código. No están intrínsecamente relacionadas una y otra, teniendo que volver al código para realizar cualquier modificación, actualizar los cambios y ver el resultado en la aplicación desarrollada.

Si llevamos esto un paso más allá y convertimos estas sugerencias del autocompletado en botones y accesos directos —como hacía Visual Basic—, estaremos más cerca de tener una interfaz visual que nos ayude a construir ese código. Pero si además de esto hacemos que la propia aplicación sea accesible dentro de lo que estamos construyendo, estaremos en el entorno del desarrollo visual. En este entorno, tendremos directamente nuestra aplicación a la vista y podremos interactuar con sus elementos, seleccionándolos directamente con nuestro ratón.

Puedo añadir nuevos elementos y componentes simplemente arrastrándolos hasta mi aplicación y posteriormente modificar cada una de las propiedades haciendo clic en botones, en vez de escribir el código.

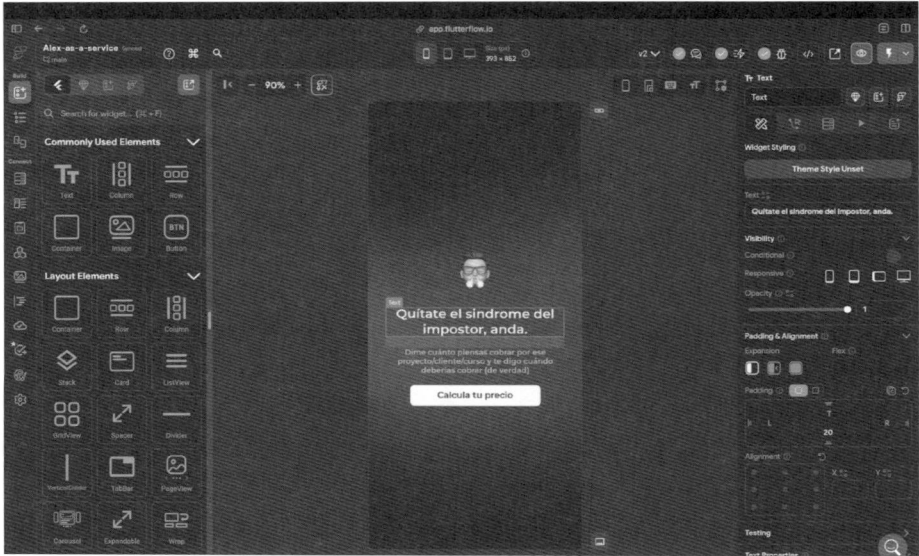

Por ejemplo, yo puedo añadir un texto y en vez de escribir el siguiente código:

```
<body>
<p style=«font-family: 'Arial', sans-serif; color: #0066cc;
font-size: 24px; text-decoration: underline;»>
Este es un texto estilizado con CSS inline
</p>
</body>
```

En mi interfaz visual, puedo definir cada uno de estos elementos, poniendo el texto en Arial, el color correspondiente y su tamaño. Al hacer clic en estos botones, iré construyendo el mismo código que hemos visto, con la ventaja de que puedo ver en tiempo real cómo los cambios que hago en el código al pulsar estos botones se traducen a mi aplicación. Pero por detrás, sin que nos demos cuenta, está sucediendo la magia de los desarrollos visuales. El código se escribe de manera transparente para nosotros.

La clave del desarrollo visual reside precisamente en permitirnos interactuar con el lenguaje de programación de una forma diferente, con un nivel de abstracción mayor que permite que cualquier persona pueda arrastrar un botón a la pantalla sin tener que saber cómo es el código para añadir un botón.

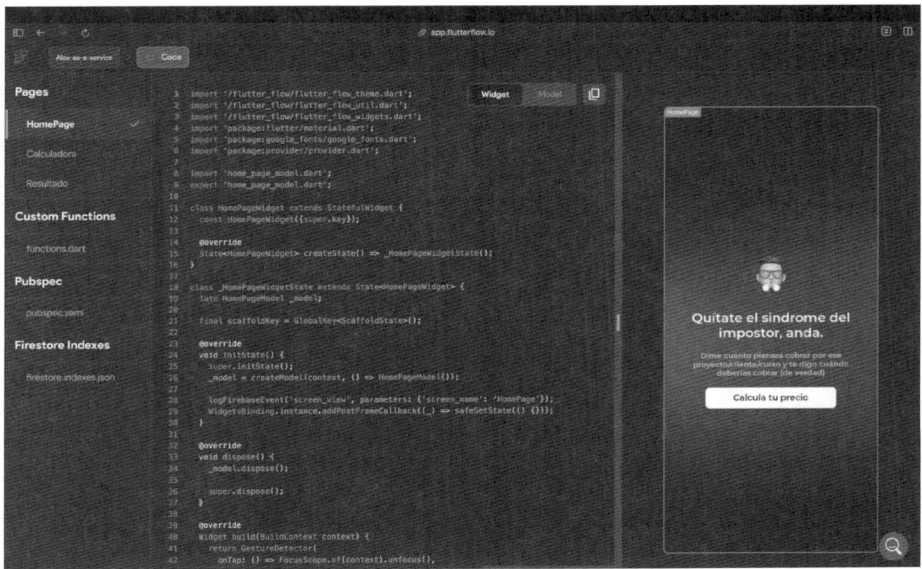

La lógica también puede ser visual

Cuando hablábamos de Visual Basic, lo veíamos como una manera de poder construir el frontal de la aplicación, lo que el usuario toca y con lo que interactúa de manera visual. Decíamos también que, para la lógica, el usuario podía añadir código, haciendo que esto funcionara de la manera que esperábamos.

Escribir la lógica en código es programar. Traducir las necesidades de la aplicación a una lógica que pueda ser descrita de una manera concisa es lo que hace que programar sea realmente atractivo. El hecho de convertir el «quiero que cuando pulse en este botón me lleve a una página de detalle y me muestre una notificación» a una serie de pasos lógicos que tiene que hacer la aplicación.

Y aunque la manera más pragmática de escribir esta lógica ha sido mayoritariamente el código escrito, hay campos, como el desarrollo de videojuegos, que han adoptado paradigmas diferentes, tratando de simplificar esta lógica y de nuevo acercar a las personas con menos conocimiento de código —o que buscan una mayor rapidez— la posibilidad de desarrollarlo.

Para construir esta lógica se pueden utilizar también nodos, como hace el lenguaje de programación de Unity.

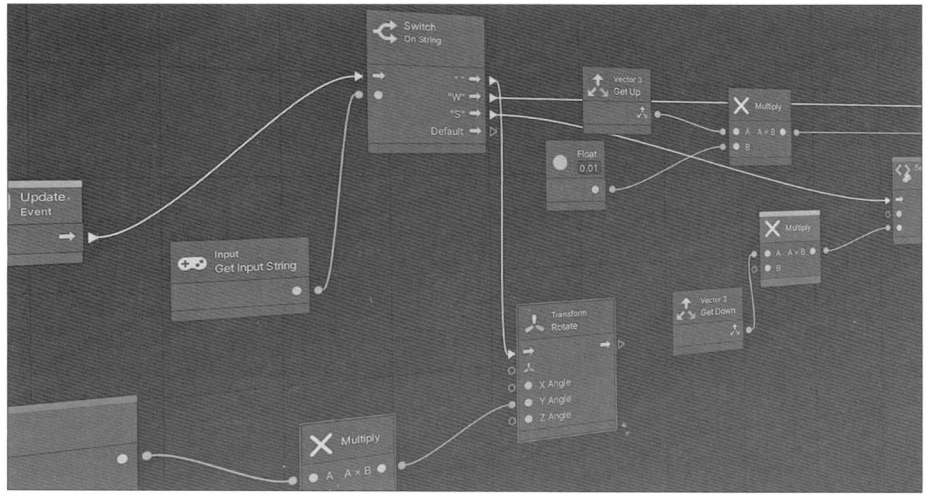

Si volvemos al concepto de abstracción, cada uno de los nodos que vemos es una «caja negra» que hace una acción. Por ejemplo, una caja puede obtener la pulsación de teclado del usuario, mientras que otra caja puede hacer que el personaje se mueva una cierta cantidad de píxeles hacia delante y otra hacia los lados.

De esta manera, conectando estas cajas entre sí es posible hacer la misma lógica que si escribiéramos en código, ya que cada caja negra es cada una de las funciones que es posible hacer en código. Esto permite que este lenguaje sea uno de los preferidos para las personas que empiezan en el mundo del desarrollo de videojuegos, ya que es una manera mucho más visual y sencilla de aprender que hacerlo con lenguajes como C#.

De nuevo, lo importante aquí no es cómo funciona cada uno de los nodos por dentro, sino que seas capaz de conectarlos entre sí para hacer que tu programa haga lo que realmente quieres.

Aprender a programar es fácil con Scratch

La programación ha entrado en el currículum de la mayoría de los centros educativos de todo el mundo. Es sin duda uno de los grandes objetivos y retos de los colegios, especialmente de primaria, dando en las asignaturas de tecnología pequeñas nociones de programación que sirvan para encender la chispa de algunos de estos niños que acabarán convirtiéndose en programadores cuando sean mayores.

Si intentáramos enseñar a niños de entre ocho y doce años a programar, probablemente se sentirían abrumados ante la perspectiva de tener que aprender a escribir el código en una interfaz complicada y no conseguiríamos despertar la creatividad de los alumnos. Por eso han aparecido distintas herramientas que acerquen la programación a los más jóvenes de una manera simplificada. Y la pionera en esto y la más conocida es, sin duda, Scratch.

Esta herramienta nace como un desarrollo del MIT Media Lab, con el concepto de hacer que pequeños caracteres, como dinosaurios, tortugas o ratones, se puedan mover con una serie de instrucciones. Por ejemplo puedes añadir un bloque que haga que se mueva dos pasos a la derecha, o que se gire, o que diga una palabra.

Para crear esta lógica, han desarrollado una serie de bloques que se conectan entre sí y que permiten hacer toda la lógica necesaria, con una interfaz realmente intuitiva pensada para que los niños lo vean como un juego y no como algo complejo y anticuado.

Pero tras esta interfaz en apariencia amigable y sencilla, se esconde un auténtico lenguaje de programación que te permite hacer prácticamente cualquier lógica que tengas en mente, ya que incluye funciones tan avanzadas como *loops* o bucles, condicionales o guardar variables, permitiendo construir auténticos desarrollos a base de unir los pequeños bloques entre sí, despertando la imaginación de los más jóvenes, que sin darse cuenta están aprendiendo a programar.

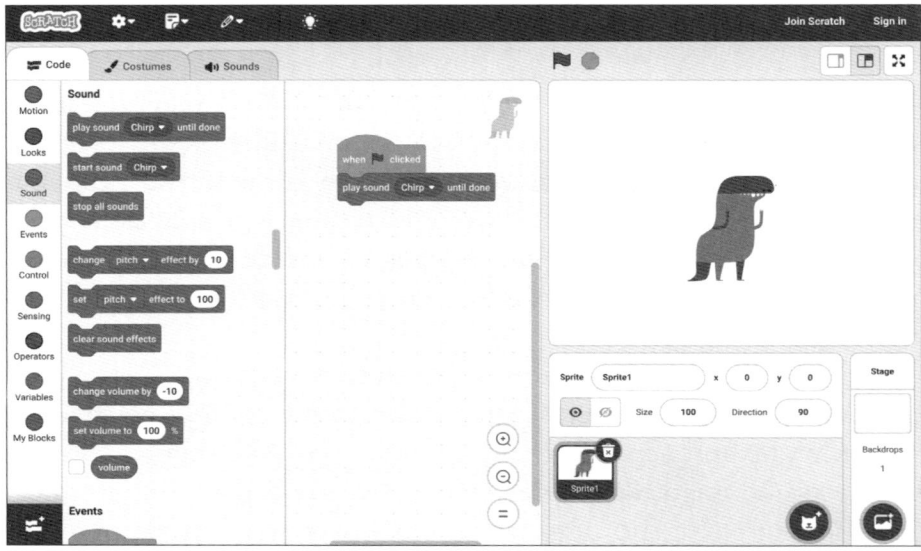

Bajando la barrera de entrada a la programación

Al final, el mundo del desarrollo visual solo es una abstracción más sobre el código que posteriormente el ordenador ejecutará. Entonces, ¿por qué tiene sentido?

La gran diferencia que permite el desarrollo visual es bajar la barrera de entrada a la hora de desarrollar software. Aprender a programar no es algo que sea extremadamente sencillo, ni que en semanas o meses puedas dominar, sino que requiere una gran inversión de tiempo y esfuerzo, y puede que ni aun así sea algo para todo el mundo. Lenguajes como Scratch acercan esto a los más jóvenes, que disfrutan de crear estos pequeños juguetes, divirtiéndose en el proceso, para más adelante tener que aprender un lenguaje más tradicional si quieren dedicarse a esto profesionalmente.

Sin embargo, el mundo del desarrollo visual y su iteración en el mundo No-code acerca la tecnología y el desarrollo de software a personas que quizá nunca pensaron que podrían hacerlo.

Y esta es su gran ventaja inicial, pero a la vez, incluso en el caso de programadores experimentados, el paradigma visual puede que sea su opción preferida para construir código, ya que hay mucha gente que lo encuentra mucho más rápido y cómodo que escribir todo el código a mano.

Precisamente, el movimiento No-code lo que busca es esto: acercar mediante interfaces visuales, con más o menos abstracción, el desarrollo de la tecnología a cualquier persona, sepa o no programar. Por eso vamos a entender cómo nace este movimiento y por qué hablamos de «revolución».

Referencias

https://es.wikipedia.org/wiki/Microprocesador#:~:text=El primer microprocesador fue el,resultó revolucionario para su época

https://en.wikipedia.org/wiki/Apple_Lisa

https://en.wikipedia.org/wiki/Assembly_language#:~:text=In computer programming%2C assembly language,the language and the architecture's

3. El movimiento No-code

En el año 2014, Forrester lanza un informe en el que, por primera vez, aúna todas estas iniciativas que permiten acelerar el desarrollo, ya sea mediante una interfaz visual o mediante componentes preconstruidos, en lo que denominan Low-code.

En su informe, Forrester, una de las plataformas que marcan la tendencia de cómo evoluciona el mercado, especialmente en el mundo de las grandes empresas, dice:

Hand-coding is too slow to develop and deliver many of the applications that companies use to win, serve, and retain customers. Some firms are turning to new, «Low-code» application platforms that accelerate app delivery by dramatically reducing the amount of hand-coding required. Faster delivery is the primary benefit of these application platforms; they also help firms respond more quickly to customer feedback after initial software releases and provision mobile and multichannel apps. Usage of Low-code platforms is gaining momentum for customer-facing applications.

Y es que uno de los grandes problemas a los que se enfrentan todas las compañías, pero especialmente las grandes corporaciones, es la dificultad que tienen para desarrollar la tecnología que les permita innovar y continuar ofreciendo valor a sus usuarios. Hay muchísimos factores que contribuyen a esto, pero sin duda uno de ellos es que muchas veces internamente optan por desarrollar «desde cero», en los que deciden hacer todas y cada una de las partes del producto de manera interna. Sin embargo, aunque esto pueda tener sentido para algunas, muchas veces es reinventar la rueda.

Imagínate que tu aplicación necesita un formulario para introducir la información del usuario, un sistema de autenticación para poder iniciar sesión y una manera de poder enseñar gráficas basadas en la base de datos de los usuarios. Podrías hacer cada una de estas partes desde cero, diseñando un sistema para gestionar la autenticación de usuarios, otro sistema para que puedas construirte tus propios formularios incluyendo toda la lógica y la validación necesarias y otro que te permita pintar gráficas a partir de los datos que tienes. Sin embargo, lo realmente importante para el usuario no es esa parte, sino que estos son pasos accesorios a que el usuario pueda utilizar el software. Realmente, estas partes no le aportan valor al usuario, pero son necesarias para que funcione la aplicación.

Si decides acometer todas estas partes del producto desde cero, estás invirtiendo tiempo de tus desarrolladores (algo realmente limitado) en cosas que realmente no aportan valor a los usuarios. Es ahí donde puede tener todo el sentido acudir a una herramienta que ya te proporcione todos estos sistemas preconfigurados, para que tú no tengas que desarrollarlo todo desde cero, apoyándote en desarrollos de terceros que son especialistas en cada una de esas áreas, como puede ser Chart.js para las gráficas, Typeform para los formularios o Auth0 para la autenticación. De esta manera, estás aprovechando el trabajo de equipos que probablemente hagan un mejor producto en esa área en concreto y de algún modo aceleras el desarrollo de este producto, centrándote en lo que realmente aporta valor al usuario.

Las herramientas Low-code lo que proporcionan es precisamente un entorno en el que tengas todas estas pequeñas partes ya desarrolladas, como son bases de datos, autenticación, lógica o formularios y que te permiten desarrollar cualquier aplicación a base de ir conectando cada una de estas partes según los requisitos del producto, de manera muy similar a como los nodos permitían a los desarrolladores de videojuegos crear animaciones o texturas en sus juegos. Precisamente el término «Low-code» viene de tratar de reducir la necesidad de escribir ese código a mano, dándote la opción de hacerlo cuando sea necesario, pero aprovechando partes preconstruidas para ahorrar tiempo.

El nacimiento del No-code: Bubble.io

Siguiendo con esta tendencia, en 2012 nace una de las primeras herramientas que podríamos catalogar como No-code: Bubble.

Y nace con la visión de construir un lenguaje de programación visual —de manera muy similar a cómo lo planteaba Visual Basic— que permitiera a cualquier persona sin conocimientos de programación construir aplicaciones realmente funcionales. En aquella época existían herramientas de programación visual muy centradas en permitirte construir la parte visual o interfaz de la herramienta, pero no existía una manera de construir toda la lógica de una manera visual.

Además estábamos en el origen del movimiento de «aprender a programar» que desembocaría en los *bootcamps* de programación actuales. Es entonces cuando Josh Hash, un programador que había aprendido con Visual Basic, descubre el mundo de techcofounder. com, una página pensada para ayudar a los fundadores no técnicos a encontrar perfiles con experiencia en programación que les ayude a construir su visión. Se vio bombardeado con mensajes de proyectos que buscaban cofundador técnico y decidió apostar por una pequeña herramienta de etiquetado de imágenes de stock con su socio, Jody.

No salió tan bien como se esperaban, por lo que, después de un año de intentar montar el negocio sin inversión, Josh tuvo que tomar la decisión de abandonar la compañía, no sin sentirse fatal por dejar en la estacada a su compañero y socio Jody. De ahí nace la idea que acabaría desembocando en lo que es Bubble.io hoy en día, una plataforma que buscaba permitir que todos los Jodys del mundo (perfiles no técnicos) pudieran construir tecnología sin tener que depender de un cofundador técnico.

En ese momento se encuentra con Emmanuel Straschnov, que, tras ver una primera demo de lo que había construido Josh, decidió embarcarse en la misión de construir esta herramienta y permitir que todo el mundo pudiera desarrollar.

Su misión no es revolucionaria. No vienen a reinventar la rueda y crear un nuevo paradigma, sino que es una evolución de la programación visual, una manera más de interactuar con el ordenador para que permita desarrollar ideas a las personas que quieran.

Los comienzos, sin embargo, no fueron fáciles. El producto estaba aún en su infancia, le faltaban grandes funcionalidades indispensables para que los usuarios pudieran utilizarlo para construir sus aplicaciones. Sin embargo, encontraron un nicho en los emprendedores que buscaban construir su producto de una manera mucho más rápida y barata que si tuvieran que contratar a un equipo de desarrollo.

Tras mucho esfuerzo, en 2017, consiguiendo clientes cada vez más importantes que llegaban al límite de lo que la herramienta puede hacer, empezaron a contratar más equipo técnico que les ayudara a desarrollar la plataforma de una manera más eficiente. Durante esta etapa consiguieron llegar hasta aproximadamente 250 000 usuarios, con una facturación de aproximadamente 1 millón de dólares y, lo más importante, una plataforma que realmente pudiera ser utilizada para construir cualquier aplicación.

Ese fue el momento en el que decidieron subir la apuesta por alcanzar su visión de que cualquier persona que tuviera una idea pudiera construirla gracias a Bubble y optar por la vía de la financiación mediante *venture capital* (capital riesgo) consiguiendo 6,25 millones en su primera ronda en 2019 y 100 millones de dólares en 2021. En el momento de escribir este libro, son más de 4 600 000 aplicaciones construidas con Bubble con millones de usuarios que utilizan esta tecnología a diario.

Sin duda es una de las herramientas que más ha hecho porque este movimiento sea lo que es actualmente. Ser la primera en impulsarlo supone un tremendo reto, ya que tienes que crear un mercado, pero a la vez te garantiza una posición dominante en el futuro mercado si este crece. Sin embargo, no es la única con esta visión, ya que no podemos hablar de este ecosistema sin mencionar a otras grandes herramientas que han contribuido a su crecimiento.

Escribiendo código HTML, CSS y JavaScript de manera visual: el nacimiento de Webflow

En 2003 nace una de las herramientas que probablemente más importancia tengan para el movimiento No-code, aunque no existiera el término en aquel tiempo: WordPress.

Esta herramienta fue desarrollada por Matt Mullenweg y Mike Little, que decidieron construir una plataforma *open-source* que permitiera a cualquier persona abrir un blog, tras anunciarse que b2/cafelog, una herramienta para crear blogs, dejaba de operar. Lo que no sabían es que veintiún años después acabaría por convertirse en la herramienta que daría vida al 43 % de todas las páginas web que existen en internet.

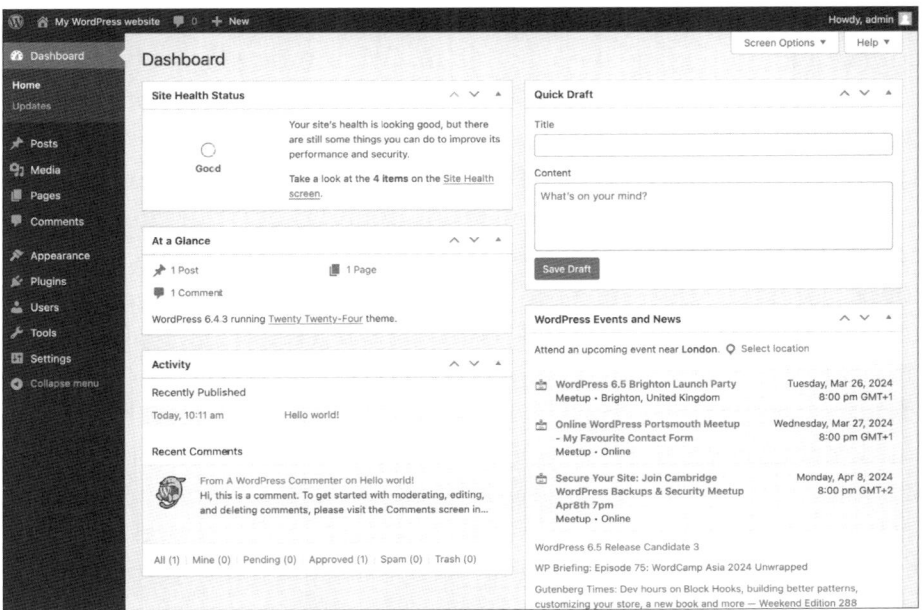

La principal clave de haber conseguido esto es sin duda su enfoque *open-source*, que hace que la propia comunidad sea la que contribuye al desarrollo del proyecto, y su sistema de *plugins*, que convierten una base poderosa pero sencilla en una plataforma capaz de construir cualquier página web que te imagines, desde blogs sencillos hasta *e-commerce* con millones de pedidos.

A través de plantillas («temas», como lo llaman) puedes cambiar totalmente cómo funciona tu página, añadiendo más y más funcionalidades a la herramienta, que con el paso de los años las aumentaba su funcionalidad para considerado como un CMS (gestor de contenido) sobre el que poder construir prácticamente cualquier página web.

La sencillez y el bajo coste de tener un sitio en WordPress hizo que se volviera realmente popular entre las personas que buscaban una web sencilla, pero a la vez robusta y escalable a través de *plugins* que añadan funcionalidades, como WooCommerce para crear tiendas *online* o LearnDash para construir una plataforma de cursos.

Sin embargo, no está exento de dificultades para las personas que se acercan a esta herramienta por primera vez: desde entender cómo funciona un *hosting*, contratarlo e instalar WordPress a la configuración de la plataforma, la instalación de *plugins* (y mantenerlos constantemente actualizados) y hacer modificaciones al aspecto visual de la página, todo ello requiere de una curva de aprendizaje bastante pronunciada.

Conseguir un sitio desarrollado a medida, que permita reflejar exactamente el diseño que estaba planteado, exige desarrollar un tema a medida (lo que requiere código) o utilizar *plugins* como Elementor o Divi, que si bien reducen la dificultad de crear, añaden una capa extra que reduce el rendimiento de la web si no se hacen las cosas muy bien.

Hay un hueco en el mercado para plataformas que lo hagan más sencillo, lo que abre la puerta a constructores de webs como son Wix o Squarespace, que dominan el mercado de las personas que simplemente quieren una página web y no quieren invertir ni mucho tiempo ni dinero en ello. Estas plataformas son alternativas a

WordPress, pero apuestan por un enfoque totalmente opuesto a la apertura a la comunidad, son entornos cerrados de los que es muy difícil escapar.

Este hueco es precisamente el que encuentran en 2012 tres amigos, Vlad Magdalin, Sergie Magdalin y Bryant Chou, que buscaban crear una manera de cubrir la distancia que hay entre el diseño de una web y su construcción, ofreciendo una plataforma visual que permitiera a los diseñadores construir su visión sin tener que escribir código.

Las primeras versiones se centraron en demostrar que con su interfaz visual podían hacer páginas web realmente sencillas con elementos como botones, imágenes y textos. Era rudimentaria, pero eficaz. Fue el momento en el que publicaron este prototipo en Hacker News, un foro americano, que les hizo llegar hasta más de 20 000 personas que estaban deseosas de probar la versión beta de su producto.

Esta tracción inicial les dio la motivación como para aplicar a YCombinator, la prestigiosa aceleradora de *startups*, a la que ya habían intentado entrar en 2012. Para su sorpresa, pasaron el proceso de admisión y entraron a la edición de 2013, lo que les abriría la puerta a conseguir más de 300 millones de dólares de financiación hasta el día de hoy y más de 3,5 millones de usuarios.

Lo que hace que Webflow sea tan popular es que han conseguido crear una experiencia de construir páginas web realmente visual. Su plataforma, en vez de buscar un grado de abstracción elevado, busca acercarse lo máximo posible a cómo se crean los elementos en código, pero proporcionando una interfaz visual que simplifique el proceso.

Destaca especialmente lo sencillo que es construir páginas web que se adapten a cualquier tamaño de pantalla, así como el poder pulsar un botón y que tu web sea pública, conectada a un dominio, sin tener que preocuparte ni de *plugins* ni de mantenimientos. Su constructor de animaciones permite conseguir trasladar la visión de los diseñadores de manera fiel, permitiendo ver el resultado de forma inmediata hasta conseguir el efecto buscado. Pero lo más sorprendente es que te permite exportar el código que has generado de manera visual, lo que supone cruzar el puente entre el mundo del diseño y la programación, ya que puedes crear la web en Webflow, exportar el código y que un equipo de desarrollo continúe creando por su cuenta a partir de la base que has generado.

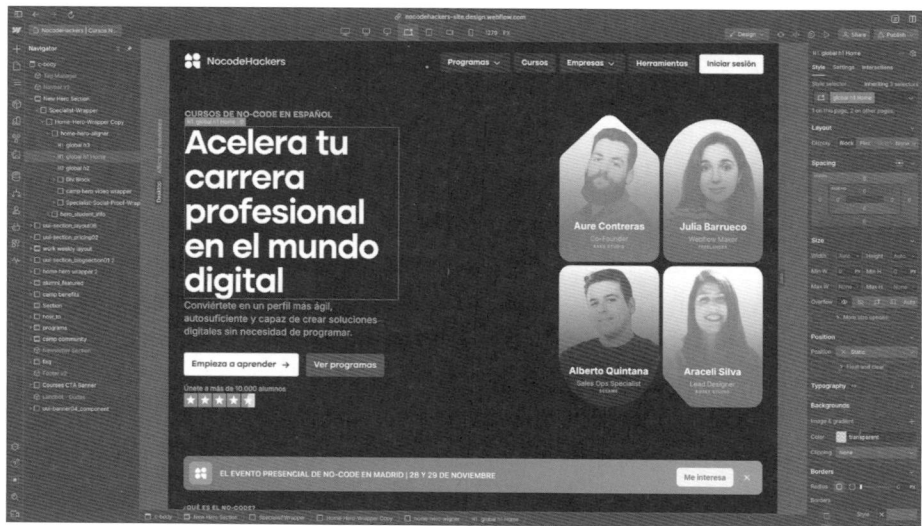

Todas estas razones hacen que sea una de las herramientas que más han contribuido al ecosistema No-code. Gracias a Webflow, cualquier persona puede construir páginas web de una manera visual que compitan en rendimiento y funcionalidades con lo que antes solo era posible con código o un tema personalizado de WordPress. Miles de diseñadores han acogido esta herramienta y han visto cómo son capaces de convertir sus diseños en páginas web reales sin tener que depender de programadores. Es la definición de empoderamiento.

Pero aunque Bubble y Webflow hayan sido dos de las que más financiación han atraído y que más han apostado por que este ecosistema crezca, no son las únicas herramientas que le han dado forma.

¿Qué es No-code y qué no es No-code?

Una de las cosas más curiosas de este movimiento es que está caracterizado en gran medida por el avance y progresión de las propias herramientas. Cada vez que aparece una nueva, que ofrece nuevas funcionalidades o una mejor experiencia de usuario, la comunidad No-code aumenta.

Pero hay mucha gente que es usuaria de estas herramientas sin asignarle el nombre de No-code. Puede que hayan estado usando WordPress durante años y no consideren que es No-code o directamente puede que ni siquiera conozcan el término y les suene un poco rara toda esta terminología.

Sin embargo, creo firmemente en el poder que tiene un término para agrupar un movimiento. Ya seas celtista, que agrupa a todos los fans del Real Club Celta de Vigo, o seas *swiftie*, que agrupa a todos los fans de Taylor Swift, bajo ese término existe un sentimiento de pertenencia, de sentirte dentro de una comunidad que abarca a personas con intereses probablemente muy similares a los tuyos, bajo un eje común.

Esto mismo sucede con el término «No-code», agrupa a una serie de apasionados por crear, pero que normalmente no saben programar, por lo que buscan alternativas que les permitan construir sus ideas sin tener que aprender a escribir el código.

Y aquí resultaría prácticamente imposible definir qué es una herramienta No-code y qué no lo es, ya que no existe un límite claro. Sin embargo, una herramienta es No-code si:

- Está diseñada para que sea usada principalmente por usuarios no técnicos: Esta es una decisión que se toma desde el primer minuto de producto y que condiciona realmente cuál es el foco del producto. Entender si tenemos que simplificar y abstraer conceptos para acercarlos a usuarios con poco conocimiento técnico y especialmente cuánto.

- Tiene una interfaz de desarrollo visual: Es posible desarrollar en la herramienta con una interfaz en la que puedas ver el resultado de lo que estás construyendo en tiempo «real» (o en previsualización al menos) y puedes modificar elementos de los proyectos interaccionando directamente mediante tu ratón o *trackpad*.
- Busca la máxima sencillez a la hora de publicar lo que construyas con ella: No buscan *set-ups* complejas para crear la infraestructura para publicar lo que crees, sino que te darán o bien un botón directamente o bien la posibilidad de configurar un servidor de manera simplificada.

Dentro de esto habrá excepciones, por supuesto, pero hemos visto que las herramientas que más están con el espíritu de este movimiento siempre cumplen estas tres premisas.

Por eso entre todo este mar de herramientas existen tantas que sería imposible nombrarlas todas, pero es cierto que algunas destacan más que otras a la hora de dar forma a este ecosistema, ya sea por popularidad, antigüedad o funcionalidades.

Las herramientas dan forma al ecosistema

De manera paralela a las dos historias que hemos conocido, otras herramientas se han unido a esta misión para permitir que las personas que no saben programar puedan construir tecnología, algunas con más éxito que otras, pero todas han desempeñado un papel en dar forma a este ecosistema.

Sin duda una de las grandes herramientas que han dado forma a este movimiento es Zapier, que nace en 2011, casi a la par que Webflow y Bubble, para ofrecer una plataforma que permitiera automatizar procesos sin tener que escribir código, conectando entre sí herramientas que ofrezcan una API, para desarrollar la lógica necesaria a través de una interfaz realmente intuitiva y sencilla. De nuevo, su misión es conseguir que cualquier persona pueda automatizar tareas sin que tenga que aprender a desarrollar en el camino. Pueden ser cosas tan sencillas como automatizar un correo que se envíe a una serie de personas que tengas en un Excel, o que cada día te envíe un *email* con el resumen de los últimos posts de un blog. Gracias a Zapier es posible conseguir esto de manera realmente sencilla.

Sumándose al ecosistema y tratando de rivalizar con Bubble, han aparecido muchas otras herramientas (demasiadas como para nombrarlas todas) que tienen la misma visión que Bubble: permitir crear aplicaciones sin que tengas que aprender a programar.

Plataformas como Adalo, creada por David Adkin, Ben Haefele y Jeremy Kannel en 2019, que busca, mediante un constructor de bloques, crear aplicaciones nativas que puedas publicar a la PlayStore y la AppStore, que gozó de gran popularidad en sus inicios, pero que en el momentode escribir este libro cada vez está más en desuso. Otras como BravoStudio ofrecen un enfoque diferente, buscando una manera de unir el mundo del diseño y del desarrollo de una forma más íntima, permitiendo que diseñes tu aplicación en Figma y que después, gracias a BravoStudio puedas convertirla en una aplicación nativa, conectarla a datos, añadir funcionalidades como registro de usuario, notificaciones, etc.

Cabe mencionar otras herramientas, pero más de pasada, que, aunque ayudan al movimiento, no han conseguido realmente la tracción suficiente como para competir contra estas herramientas, como son, por ejemplo, GoodBarber o Thunkable.

Construyendo *chatbots* sin código

No podemos cerrar esta lista sin hablar de Landbot, una herramienta creada en Valencia por Jiaqi Pan y Cris Villar para permitir que cualquier persona pueda construir un chatbot de manera visual.

A través de su constructor de bloques, puedes dar vida a la lógica que necesites en tu *chatbot*, que podrás personalizar para adaptarse a tu marca y que después será realmente fácil de integrar con tu página web o aplicación. Pero sin duda lo más potente de esta herramienta es su capacidad de crear lógica avanzada de manera sencilla, integrándose con cualquier herramienta que tenga una API (interfaz de programación de aplicaciones) y permitiendo casos de uso realmente complejos, todo sin que tengas que escribir una sola línea de código.

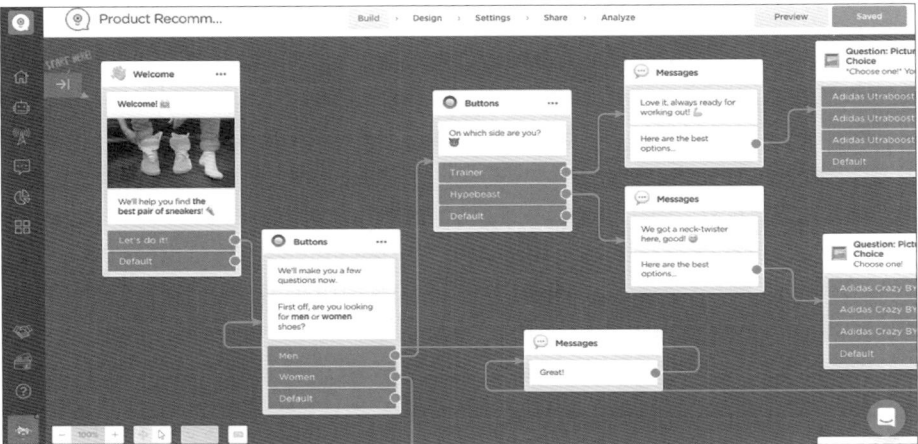

Esta herramienta ha conseguido levantar 10,2 millones de dólares y cuenta con una base de usuarios activa realmente impresionante, ya que se ha conseguido posicionar como una de las mejores alternativas para construir este tipo de *bots*, especialmente en canales como WhatsApp, que hasta ahora requerían de conocimientos técnicos para poder ser creados.

Convirtiendo datos en aplicaciones

Hay otras dos herramientas que merecen su apartado propio, ya que nacen con una misión bastante similar, pero con enfoques diversos, son Softr y Glide.

Ambas herramientas lo que buscan es ofrecer una manera de poder construir sobre tus datos (los tengas donde los tengas) una interfaz que los usuarios puedan utilizar y con la que puedan interactuar. Buscan un enfoque bastante más elevado que Bubble o Webflow, ya que proporcionan una serie de bloques predefinidos que, aunque se pueden personalizar ligeramente, no puedes construir a medida.

Esto tiene una gran ventaja, que es el no tener que preocuparse por el apartado visual de la aplicación. Cuando usas cualquiera de estas dos herramientas, te puedes centrar en su lógica y su funcionalidad, ya que los bloques han sido diseñados por el equipo de la herramienta para ser completamente funcionales, pero a la vez con una estética cuidada.

Glide nació en 2019 con el objetivo de convertir Google Sheets en una base de datos para aplicaciones, haciendo un poco de «magia» a la hora de reconocer los datos que tenías y permitirte construir una aplicación, tanto móvil como web. Con el paso del tiempo, han conseguido encontrar su nicho en las aplicaciones internas, ofreciendo una manera sencilla de construir interfaces sobre bases de datos que se ven bien y tienen bastante funcionalidad, ya que, aunque pueda parecer simple en los primeros acercamientos a la herramienta, es realmente potente.

Softr, nacida en el año 2021, tiene un enfoque realmente similar a Glide, pero se han apalancado más en otra herramienta como base de datos, en este caso Airtable, permitiendo que puedas construir aplicaciones que utilicen tus usuarios con funcionalidades complejas como autenticación, lógica condicional, roles de usuarios, etc., pero que en las que, detrás de esa interfaz, esté todo gestionado por Airtable, con toda la potencia que eso conlleva.

Ambas están buscando permitir que cualquier persona desarrolle una herramienta para su empresa que le ayude en la operativa en horas o días, en vez de en meses. Aunque son más limitadas que su contraparte Bubble, también ofrecen una curva de aprendizaje mucho más reducida, lo que las convierte en herramientas ideales para las personas que empiezan en el ecosistema.

La nueva era del desarrollo visual

Con el paso del tiempo, el ecosistema ha ido favoreciendo a aquellas herramientas que ofrecen más posibilidades de construir aplicaciones que realmente sean funcionales. Aunque herramientas como Softr y Glide tienen su nicho, es muy fácil que te encuentres con alguna limitación en el camino que te impida utilizarlas para construir tu proyecto.

Es por eso por lo que han ido apareciendo herramientas por el camino con la misión de ofrecerte plataformas de desarrollo visual que se acerquen mucho al código, pero que a la vez tengan toda la potencia y facilidad de construir en una interfaz visual. Estas plataformas buscan construir cualquier aplicación que te imagines, apostando por la rapidez a la hora de construir la interfaz y lógica necesarias. Aunque aún son jóvenes, comparadas con otras que hemos visto a lo largo de este capítulo, están ganando realmente tracción entre los no-coders, ya que con ellas las limitaciones son realmente pocas.

Ejemplo perfecto de esta nueva tendencia es Flutterflow.

Esta herramienta fue creada en 2020 por dos ingenieros de Google que buscaban hacer que fuera mucho más fácil construir aplicaciones móviles para diseñadores, desarrolladores y emprendedores. Para ello, crearon una interfaz visual que permite construir aplicaciones en Dart, aplicaciones nativas tanto para iOS como para Android en una única plataforma.

En estos últimos cuatro años han conseguido hacer evolucionar la plataforma para permitir que realmente sea un entorno de desarrollo visual que permita construir prácticamente cualquier aplicación que se podría construir en Flutter, solo que mucho más rápido.

Han conseguido llegar a más de 1,6 millones de usuarios en este tiempo y dan vida a aplicaciones tan complejas como Axios Bank, un banco de India que ha desarrollado su aplicación en esta herramienta y que cuenta con más de 50 millones de usuarios en la aplicación.

Sin duda, lo mejor que tiene Flutterflow es que son realmente buenos en encontrar ese equilibrio Low-code, permitiéndote tanto construir la interfaz arrastrando y modificando en su pantalla como añadir elementos de código cuando sea necesario. Todo esto permite también que puedas descargar el código generado de manera visual para que puedas llevártelo cuando quieras a un servidor propio o conectarlo con un equipo de desarrollo tradicional.

Otra herramienta que va por este camino es WeWeb. Nacida para competir con Webflow a la hora de construir páginas web, ha acabado convirtiéndose en una manera de construir aplicaciones más complejas de manera visual. Proporciona una experiencia de construcción muy similar a la de Webflow, pero añade toda una capa de lógica, autenticación y bases de datos que permite construir aplicaciones realmente robustas en mucho menos tiempo. Entre sus clientes se encuentran empresas tan grandes como PwC o Decathlon, por poner un ejemplo.

Estas dos herramientas están marcando un poco el camino que dejaron otras como Visual Basic. No buscan simplificar y abstraer tanto el código que te veas limitado, sino ofrecer una manera de crear una interfaz visual que simplifique el proceso, acerque la programación a las personas no técnicas, pero que a la vez puedan construir cualquier idea en realidad.

Un movimiento por y para la comunidad

Hasta ahora hemos hablado de herramientas, porque son las que hacen posible que este movimiento exista. Sin embargo, un movimiento no es nada sin las personas que lo conforman: usuarios que emplean estas herramientas y que comparten el discurso de poder construir cualquier idea sin necesidad de aprender a programar. Sin duda, lo que más ha caracterizado a este movimiento es la gran comunidad que lo rodea: una comunidad acogedora y amable que ha sido clave para que sea lo que es hoy en día.

La primera en nacer fue Makerpad, un proyecto creado por Ben Tosell en el que ofrecía tutoriales de estas herramientas y que creció muchísimo en plena pandemia hasta ser adquirida por Zapier. Pero, aunque los movimientos siempre empiezan en Estados Unidos, en el caso del No-code uno de los mayores mercados actualmente es Brasil, con plataformas como Sem Codar o No-code Brasil, comunidades que dan cabida a todas las personas que quieren construir con No-code, destacando Bubble como principal alternativa para construir.

Si nos acercamos a Europa, Francia es uno de los lugares en los que más tracción ha conseguido tener este movimiento, con comunidades como No-code France, un *slack* con más de 13 000 personas apasionadas por el No-code; Alegría Group, una academia realmente relevante; o Contournement o Ottho, escuelas de formación pensadas para formar en estas herramientas a las personas que tienen ganas de aprender.

Por suerte, en habla hispana contamos también con gente apasionada por este movimiento que ha dado vida al proyecto de NocodeHackers. En el momento de escribir este capítulo somos más de 15 000 alumnos los que apostamos por la tecnología No-code para dar vidas a nuestras ideas.

Un movimiento existe únicamente si las personas creen en él. Por eso estas comunidades son superrelevantes para evangelizar y formar sobre las posibilidades de estas herramientas. Sin su apoyo y el de las personas tras ellas, este movimiento no existiría.

Por eso ahora me gustaría contarte la historia de NocodeHackers y cómo es crear una comunidad que apueste por formar en No-code.

La IA y la nueva era del movimiento No-code

La promesa del No-code siempre ha sido acercar a personas que no somos técnicos y no sabemos programar a la posibilidad de construir software.

Y con la llegada de la inteligencia artificial esto es ahora más cierto que nunca. Tenemos a nuestro alcance herramientas que nos permiten construir cualquier idea en una aplicación funcional o una página web en cuestión de minutos. Con resultados que si bien no son espectaculares, son más que decentes.

Todo gracias a agentes integrados en estas herramientas que son capaces de escribir el código que hace que nuestra aplicación pueda funcionar. Entienden el código con el que está construida y son capaces de hacer modificaciones en función de las cosas que le vayas pidiendo. Herramientas como Lovable, Cursor, Replit o Claude Code permiten construir cosas que sería impensable que hiciera una persona sin conocimientos de programación hace menos de un año.

Y para mí esto es exactamente lo que el No-code venía prometiendo. En este capítulo te he hablado de las herramientas que vieron nacer este movimiento y le dieron forma, que sirvieron para sentar las bases de gente que es capaz de convertir ideas en tecnología sin desarrollar. Ahora la IA llega para llevar eso al siguiente nivel.

Las herramientas No-code como Flutterflow, Glide, Softr o Bubble tienen una curva de aprendizaje, por muy pequeña que sea. Sí, es posible hacer pequeñas demos o pequeñas aplicaciones muy rápido, pero en el momento en el que quieras hacer algo más complejo vas a tener que dedicarle muchísimas horas para poder superar esa curva de aprendizaje y conocimientos técnicos que tienes que tener, por mucho que no tengas que escribir una línea de código. Esto hizo que mucha gente empezara ilusionada con la promesa del No-code, pero que lo dejaran al frustrarse por no ser capaces de construir lo que querían por falta de conocimientos.

Ahora esto ya no ocurre. Tienes una herramienta que puede construir absolutamente cualquier cosa que te imagines, con la que además puedes hablar e interactuar para que te enseñe cuál es la mejor manera de proceder para implementar las funcionalidades que tienes en mente y que no se queda ahí, sino que es capaz de implementarlas de manera real en tu producto. Es como si tuvieras un profesor 24/7 disponible para ti que entiende perfectamente lo que estás haciendo y que simplemente tienes que explicarle en español qué es lo que quieres conseguir.

Esto permite que ya no exista esa curva de aprendizaje. Es cuestión de ser capaz de describir exactamente lo que quieres conseguir para explicárselo a una IA y tener la paciencia y las ganas suficientes como para poder perseverar cuando las cosas no salgan bien a la primera, que probablemente será la mayoría de las veces, ya que estas IA aún fallan bastante más de lo que nos gustaría.

Pero la sensación de poder construir cualquier cosa que te imagines está ahí. Es la misma fascinación que sentí en su día con Airtable o con Webflow, pero diez veces más potente. Realmente no hay límites ahora a lo que puedes llegar a construir sin que sepas programar.

Y estoy seguro de que esto redundará en que cada vez haya más desarrolladores que sean capaces de construir tecnología, pero que no hayan aprendido a escribir código en un lenguaje como JavaScript. Lo cual no significa que no se esfuercen en entender cómo funciona la tecnología y mejorar como desarrolladores.

Crear un producto exitoso, como veremos a lo largo de este libro, es mucho más que escribir código. Explicar exactamente lo que quieres es realmente complejo porque:

- Tienes que saber lo que quieres.
- Tienes que ser capaz de traducirlo y explicarlo de una manera comprensible.

Y créeme que eso no es para nada sencillo.

Auguro un futuro realmente espectacular al movimiento No-code gracias a la llegada de la IA a este mundo y creo que este movimiento solo está dando sus primeros pasos hacia un cambio de paradigma.

Esta evolución se ha traducido en un término que resume bastante bien la filosofía de este movimiento: el «Vibe Coding», disfrutar de la sensación de ir construyendo software con una herramienta como Lovable, dejándote llevar por la conversación y estando en un estado de *flow* que te permita construir al final de todo ese proceso software que la gente use.

Creo que de aquí a los próximos años veremos más gente que se acerca al movimiento No-code de lo que lo ha hecho en todos estos años anteriores, ya que la curva de aprendizaje ha desaparecido para dar los primeros pasos y eso lo convierte en algo realmente adictivo.

La revolución No-code no ha hecho más que empezar. Pero por mucho que puedas construir cualquier idea sin saber programar, hay que hacer mucho más que eso para que sea una historia de éxito digna de ser contada en este libro. Por eso quiero empezar contándote la historia de cómo nace NocodeHackers, porque todo lo que hemos conseguido, lo hemos hecho sin escribir una sola línea de código.

Referencias

https://kissflow.com/low-code/history-of-low-code-development-platforms/

https://www.forrester.com/report/New-Development-Platforms-Emerge-For-CustomerFacing-Applications/RES113411

https://resources.formstack.com/reports/rise-of-the-no-code-economy/history

https://bubble.io/blog/visual-programming/

https://bubble.io/blog/about-bubble/

https://www.wpbeginner.com/news/the-history-of-wordpress/

https://scottpearson.co.uk/the-evolution-of-webflow-the-wordpress-killer/#:~:text=Where did Webflow start%3F,creative visions into functional websites.

https://www.flutterflow.io/about-us

4. De *side-project* a NocodeHackers

Muchas veces, una simple decisión puede cambiar el curso de una vida. Al menos, eso es lo que me ha pasado a mí con NocodeHackers, un proyecto que empezó como una tontería de fin de semana y que tres años después cuenta con una comunidad de más de 15 000 alumnos y seis personas que trabajamos para que siga adelante. Y todo, por supuesto, sin tener que escribir una sola línea de código.

Lo de programar no es para mí

Y es que lo de programar nunca fue santo de mi devoción. En la carrera (estudié Ingeniería Mecánica) me introdujeron al mundo de Visual Basic y, aunque me pareció sencillo al principio, pronto vi que realmente no era algo que me apasionara. Construir la interfaz de la aplicación me flipaba, pero escribir el código que lo hiciera funcionar por detrás me llevaba por la calle de la amargura. Simplemente me parecía muy frustrante el que no fuera capaz de traducir lo que quería hacer a las líneas de código exacto que hacían lo que yo buscaba. Me pasaba horas buscando los errores y, aun así, no era algo que se me diera bien.

Pero siempre me ha fascinado aprender, por lo que en mis tiempos libres me dedicaba a aprender cosas *random*: desde edición de vídeo a producción de música pasando por pintar Warhammer o crear una página web. Y es ahí donde descubrí el mundo de

WordPress y empecé a hacer mis primeros proyectos de páginas web para un canal de YouTube con mi padre (*filosofíasencilla*) o para diversos proyectos que pasaron sin pena ni gloria. Con el paso del tiempo descubrí que había *plugins* como Divi o Elementor que me hacían la vida mucho más fácil para construir exactamente lo que yo buscaba. Ya no tenía que depender de la plantilla que encontrara y las posibilidades que me diera para modificarla, sino que tenía cierta libertad para modificar el aspecto visual de la página web. Me sentía con libertad.

Allá por 2018, lancé lo que sería mi primer proyecto real, de la mano de mi gran amigo Xoán Hermelo: una comunidad de fotógrafos gallegos en Instagram. Básicamente buscábamos fotos que subieran fotógrafos de Galicia a Instagram utilizando el hashtag #clickgalicia, y cada día nos ocupábamos de subir una imagen. Con ello también construimos su página web, una comunidad en Discord y un montón de accesorios tecnológicos que permitían que el proyecto funcionara. Sin embargo, lo que realmente hacía que fuera posible que el proyecto funcionara era Airtable.

Y es que Xoán me descubrió que gracias a esta herramienta podíamos organizar todas las publicaciones, generando el texto de manera prácticamente automática y añadiendo los hashtags ya predefinidos. Esto nos ahorraba una cantidad brutal de tiempo y nos permitía organizar todas las publicaciones de la semana en minutos, en vez de tener que estar pendientes todos los días de subir la publicación.

Aún no lo sabía, pero descubrir esta herramienta me cambiaría la vida.

Buscando herramientas para hacer más fácil el día a día

En ese año estaba trabajando en ABANCA Innova, la rama de innovación abierta de ABANCA. Al ser un equipo pequeño, todos teníamos que hacer un poco de todo, pero mi principal papel era el de buscar y configurar las herramientas que utilizábamos en nuestro día a día, ya fuera encontrar una herramienta para gestionar reservas de salas en nuestro *coworking* o construir la web en WordPress y Divi.

Sin embargo, estaba la pega de que yo no sabía programar. Mi compañero Pope sí (y me daban cierta envidia las cosas que podía hacer), por lo que mi principal recurso cuando me asignaban una tarea era buscar una herramienta que me permitiera hacerlo sin tener que programar. Fue ahí donde mi experiencia con mis otros proyectos y el tiempo libre que dedicaba a aprender cosas *random* empezó a dar frutos.

Como había descubierto Airtable y estaba enamorado de ella, empecé a utilizarla —de manera un poco clandestina— para distintas partes de mi trabajo como gestor de innovación, desde rellenar un formulario que me permitiera recoger *feedback* de los programas que hacíamos a coordinar un evento con decenas de reuniones que estaban sucediendo simultáneamente. Poco a poco fui consiguiendo que el equipo aceptara esta herramienta como parte de nuestro trabajo y hasta acabamos convirtiéndolo en algo habitual dentro del departamento. Gracias a Airtable, podíamos hacer herramientas nuestras que nos ahorraran mucho tiempo, y eso siendo un equipo de cuatro personas era una auténtica maravilla.

Todo iba sobre ruedas, pero llegando a 2019 todo cambia con el COVID.

Descubrir el No-code en pandemia

Cuando llegó el COVID, se paró prácticamente todo el mundo, y nuestro trabajo no era una excepción. Al trabajar con *startups* haciendo pilotos, realmente era difícil que pudiéramos avanzar cuando había cosas realmente mucho más importantes que lo nuestro. Por lo que, en cuanto nos mandaron a casa a teletrabajar, de repente tuvimos mucho más tiempo libre o, más bien, no había otra cosa que pudiéramos hacer.

Por ese entonces había descubierto una herramienta que prometía ser mejor que WordPress para hacer páginas web completamente personalizadas: Webflow. Era básicamente todo lo que había soñado y buscado durante tanto tiempo, ya que me ofrecía la libertad de construir cualquier diseño que tuviera en mente, por lo que dediqué mucho de este nuevo tiempo libre a aprender a utilizar esta herramienta, siguiendo tutoriales en YouTube y los vídeos que tenían en la academia. Me enamoré de esta herramienta.

Tirando del hilo, vi que se mencionaba mucho una palabra en el entorno de Webflow, que era No-code. Fue una auténtica revelación, ya que descubrí que había miles de personas de todo el mundo que tenían el mismo problema que yo: querían hacer cosas pero no sabían programar, así que buscaban herramientas que se lo permitieran.

Entré en un *rabbit hole,* que dirían los ingleses, de buscar toda la información existente sobre este mundo del No-code y, a cada paso que daba y descubría una herramienta nueva, aparecían otras diez herramientas que merecía la pena explorar y dedicarles un tiempo. Fue ahí cuando conocí herramientas como Zapier, Make, Landbot, Bubble, Adalo, con las que pasé un buen rato de mi pandemia, jugando con ellas, intentando construir aquello de lo que nunca había sido capaz. Gracias a estas herramientas, de repente podía hacer cosas que hasta ese momento habían sido imposibles, desde páginas web que se veían profesionales a pequeñas aplicaciones que me permitieran darle un poco más de poder a Airtable. Descubrí también que gracias a Zapier podía conectarlas todas entre sí para saltarme un poco sus limitaciones y hacer cosas un poco más complejas.

Sin embargo, había algo que me chocaba: todo el contenido formativo estaba en inglés. Toda la gente que hablaba de No-code era de habla inglesa, todos los tutoriales y cursos de YouTube eran en inglés y, por mucho que buscaba, no encontraba a nadie que estuviera explicando cosas en español. Por suerte, para mí esto no era un problema, pero me imaginé que a otras muchas personas esto sí que podría suponerles una gran barrera para poder acercarse a este mundo.

Sucedió otra cosa curiosa también, que fue que cuando hablaba de estas herramientas a mi entorno cercano, todo el mundo se quedaba con una cara extraña del tipo: ¿de qué me está hablando Álex?

Yo no entendía cómo podían no estar tan asombrados como lo estaba yo. Así que me decidí a cambiar eso.

Lanzando un proyecto en un fin de semana

Siempre he sido bastante inquieto y de meterme en fregaos en los que nadie me pedía que me metiera. No me bastaba con mi trabajo a secas, sino que buscaba siempre estar haciendo cosas en mi tiempo libre, ya sea aprender a sacar fotos —cosa que acabó convirtiéndome en fotógrafo ocasional— o grabar vídeos —cosa que también me llevó a grabar algunos vídeos para empresas y grupos de música o a organizar el carnaval en el instituto—. Ese gen siempre ha estado ahí de una forma u otra, aunque es fácil echar la vista atrás y conectar los puntos, no me resultaba obvio que esto de emprender fuera una salida para mí.

Como parte de mi trabajo en ABANCA, me formé bastante en *design thinking* y *lean startups*, dos metodologías de innovación que usábamos en nuestro programa de intraemprendimiento. La idea principal de estas dos metodologías es detectar un problema que existe en el mercado, diseñar una solución y validar lo más rápido posible que esto es un problema por el que la gente está dispuesta a pagar. Incluso íbamos a dar clase sobre esto. Pero en el fondo me sentía un poco impostor por no haber creado nada propio sobre lo que explicar estas metodologías con cierto rigor.

Un poco por aburrimiento y otro poco por demostrarme a mí mismo que era capaz de seguir los principios del *design thinking*, me embarqué en la misión de lanzar y validar un proyecto lo más rápido posible. Fue el momento en el que recordé que en mi camino de aprendizaje del No-code no había encontrado contenido en español y lo bien que estaban funcionando comunidades como No-code France o Makerpad, cada una en su idioma. Tomé la decisión de intentar cambiar esto.

Aquí es donde surge el maravilloso síndrome del impostor: ¿qué voy a enseñar yo que realmente a alguien le pueda ser útil?

Y la verdad es que la respuesta tardó poco en llegar. Cada vez que hablaba de estas herramientas No-code, especialmente de Airtable, la gente se quedaba mirándome un poco raro, por lo que me imaginé que estaría bien que de alguna manera pudiera contarle al mundo las cosas que a mí me apasionaban de Airtable y demostrar el potencial que tenía la herramienta con un minicurso de introducción que me sentía capacitado para dar.

Así que ni corto ni perezoso me lancé a crear un minicurso de Airtable. Para compartirlo con el mundo, busqué herramientas que me permitieran crear un curso *online* gratuito y recordé una que había probado para uno de los proyectos que tenía en mente hace un tiempo, llamada Thinkific, que tenía una gran ventaja sobre el resto de las herramientas de crear cursos *online*: te permitía hacer dos cursos gratis sin tener que pagar la herramienta.

Normalmente los cursos *online* suelen tener un vídeo en el que te van guiando de la mano y te explican cómo hacer las cosas. Sin embargo, siendo completamente sinceros, me daba pánico ponerme delante de la cámara, así que decidí hacer un curso que no tendría vídeos, sino que sería solo texto y capturas. En él, te iría guiando paso a paso hasta construir una primera herramienta en Airtable, todo muy muy práctico y sencillo de seguir.

Con este enfoque, crear el curso fue algo realmente rápido. En menos de un día tenía la plataforma configurada y el contenido del curso prácticamente listo. Solamente faltaba un lugar en el que contarlo al mundo y un nombre para el proyecto.

La primera parte fue fácil, ya que tenía ganas de seguir aprendiendo Webflow y demostrar que se podían hacer cosas interesantes en esta herramienta. Por eso me decidí a construir una página en Webflow (completamente gratuita) que contara un poco lo que se iba a encontrar la gente dentro del proyecto, es decir, un curso para aprender Airtable.

Pero faltaba un nombre que unificara todo el proyecto y que tuviera una ambición un poco más grande que simplemente aprender Airtable, ya que no solo quería enseñar una herramienta, sino todas las que había ido descubriendo a lo largo de este tiempo. Es ahí cuando me puse a buscar dominios que estuvieran libres, quedando finalistas dos: aprendenocode.com y nocodehackers.es, muy inspirado en Sales Hackers y Product Hackers, dos compañías que admiraba. Eso decantó la balanza hacia el segundo (aunque he de admitir que el correo que sigo usando a día de hoy es aprendenocode@gmail.com) ☺.

Con el nombre decidido, busqué un logo que le diera coherencia al proyecto, para lo que me fui a Canva.com y exploré las plantillas que ofrecía —al final iba a ser algo para un fin de semana y no tendría demasiada importancia— hasta encontrar una que más o menos me cuadraba con lo que estaba buscando. Cambié un poco los colores y ya tenía logo, página web, dominio y el curso, por lo que estaba listo para lanzar.

Un tuit para cambiarlo todo

Para hacer el lanzamiento oficial decidí hacerlo en el lugar en el que veía que la gente publicaba sus proyectos: Twitter.

A decir verdad, no superaría los 300 seguidores en aquel momento, principalmente amigos de la escuela y alguna gente que me pudiera seguir de manera aleatoria, amigos de amigos, por lo que esperaba que la publicación de este tuit tuviera la misma repercusión que podría tener cualquiera de los otros que había publicado hasta ahora, es decir, ninguna.

Así que un sábado por la mañana publiqué este tuit:

Para mi sorpresa, un par de horas después, el tuit había cogido cierta interacción. Había gente escribiendo en comentarios que les parecía muy interesante, compartiéndolo con otras personas, retuiteando. Algo insólito en mi cuenta. Pero lo más insólito era que la gente se estaba inscribiendo en el curso gratuito que había creado. Habían encontrado algo que realmente le interesaba, ya que no solo se inscribían, sino que también lo hacían e incluso llegaban a acabárselo en ese primer día.

Solo en ese primer día 70 personas se inscribieron en mi plataforma. Una cantidad que me parecía completamente absurda, ya que me parecía que era un curso realmente sencillo e introductorio, pero a la gente parece que le gustó. Además, hubo quien me escribió en privado preguntándome por el proyecto y felicitándome. Parecía que había algo interesante en esto, pero yo sabía que realmente no validas un proyecto hasta que consigues que alguien saque su tarjeta y pague por ello. Por lo que decidí dar un paso más y ver si realmente había algo muy interesante en este proyecto.

No validas nada hasta el primer euro facturado

El primer euro que generas *online* es probablemente el más difícil. Nos cuesta mucho en general poner valor a lo que hacemos nosotros mismos. Para nosotros ese conocimiento es algo obvio, así que ¿cómo va a pagar alguien por ello?

Sin embargo, tenía muy presente que la única manera de saber si el problema que estaba intentando resolver era real o no era comprobando si estarían dispuestos a pagar, aunque fuera una cantidad ínfima de dinero, por un curso. Todos nos apuntamos a lo que es gratis para, después, probablemente dejarlo en un cajón encerrado y no volver a tocarlo. Pero si has hecho un esfuerzo económico es mucho más probable que realmente sea algo que te interese.

Por ello lancé un curso de experto en Airtable, un curso más avanzado en el que exploraríamos cosas más complejas que en el anterior, combinándolo con herramientas con Webflow o Zapier y realmente desbloqueando todo el valor que yo veía en Airtable. Sin embargo, había aprendido que es muy probable que cuando lances algo te equivoques y la gente no lo compre. Por eso tenía muy en mente que iba a querer invertir el menor tiempo posible en validar si la gente estaría dispuesta a pagar por este curso. Crear todo el contenido del curso me iba a llevar semanas y no quería perder el *momentum* que tenía el proyecto.

Así que decidí hacer un pequeño experimento. Creé una nueva página en Webflow en la que explicaba el contenido del curso, aproveché Thinkific para tener otro curso alojado allí y poder cobrar por ello conectándolo a Stripe. Tenía todo listo para vender el curso, que simplemente constaba de un módulo de introducción en el que explicaba que el curso estaba en construcción y que lo iría desbloqueando poco a poco según fuera creando su contenido. A cambio, se llevarían un descuento sobre el precio final de venta.

Esta vez para el lanzamiento no solo recurrí a Twitter, sino que escribí un correo a las 70 personas que se habían apuntado al curso, permitiéndoles comprar el curso en preventa por el módico precio de 5 euros, limitado a 10 plazas. Para mi sorpresa, estas 10 plazas volaron en menos de un par de horas, por lo que decidí ir subiendo el precio a la vez que liberaba más plazas del curso. Al final del día había facturado 200 euros y tenía validado que el curso podría tener sentido, por lo que tocaba crearlo y lanzarlo al mundo.

Pero tener un curso y venderlo son dos cosas totalmente distintas.

Creando una comunidad en torno al No-code

Lo más difícil de un proyecto siempre es conseguir que la gente lo conozca y lo compre. La parte del marketing es la que más asusta a las personas que empiezan, ya que muy pronto descubres que no basta con tener un producto lanzado al mercado, sino que tienes que ser capaz de llegar a cada vez más gente y que decida comprarlo.

Una de las mejores maneras es construir una comunidad a la que aportes valor, que entiendan el proyecto y compartan la visión. Para ello abrí un montón de distintos canales para atraer gente al proyecto y que cada vez fuéramos más los apasionados por el No-code. Desde un canal de YouTube, pasando por una *newsletter*, un pódcast, un canal de *slack*… Probé todas las maneras posibles para que la gente pudiera descubrir el proyecto y lo que es el mundo del No-code.

Con el paso del tiempo, esto fue funcionando, se fue sumando más y más gente a los cursos tanto gratuitos como de pago, lo que me permitió ir lanzando otros nuevos, como el de Webflow u otras herramientas como Zapier. La comunidad fue muy receptiva con este contenido y llegamos a los casi 1000 alumnos de manera bastante rápida, en menos de seis meses.

Fue entonces cuando el proyecto empezó a parecer algo más serio, cuando de la mano de Bosco Soler de SinOficina, lanzamos una campaña conjunta para cruzar ambas comunidades y hacer una oferta más sólida entre ambos. Fue el momento en el que realmente vi que había un verdadero potencial de gente interesada en el proyecto más allá de algo que hacer en mi tiempo libre, sino como una verdadera posibilidad de que se convirtiera en mi forma principal de ganarme la vida. Así, poquito a poco, en menos de nueve meses había facturado 12 000 euros con el proyecto, dedicándole aproximadamente una hora al día, por lo que estaba seguro de que, si le dedicaba más tiempo, el proyecto cogería mucha tracción.

Sin embargo, hacer esto solo nunca fue una opción que verdaderamente llegara a contemplar.

Uniéndome a la familia de Minimum.run

A la par que Nocodehackers, en España surgieron otros proyectos centrados en el mundo del No-code, pero destacaba principalmente Minimum.run, una agencia que nacía de Mendesaltaren, la mayor referente a nivel de diseño que conocía y de la que admiraba tanto cómo hacían las cosas como a sus fundadores. Esta agencia estaba centrada en explorar cómo hacer productos con No-code, utilizando principalmente Webflow.

Yo continuaba dedicándome a tiempo parcial a NocodeHackers. Al final era simplemente un *hobby* que además me daba ingresos extra, con lo que era maravilloso. Pero sobre enero de 2021 llegaba el momento de tomar una decisión. Estaba un poco cansado de mi trabajo en ABANCA, ya que, aunque pagara bien, era frustrante tener que lidiar con la política interna y que no todo dependiera de ti, pero a la vez no me planteaba emprender solo y tirarme a la piscina. Tuve en su momento ofertas de inversión en el proyecto por parte de *business angels*, así como alguna que otra oferta de compra para el proyecto, ya que era un movimiento en auge y yo era de las pocas personas que estaban haciendo esto en español.

Sin embargo, tomé la decisión de unirme primero a Minimum.run como empleado, para meses después unir ambos proyectos, al comprarme el 75 % del proyecto a cambio del 4 % de Minimum.run.

Esto me permitió contar con apoyo a la hora de escalar el proyecto, rodeándome de un socio que era la mejor agencia de No-code es España, a la vez que emprender con una cierta garantía de que tendría opciones si las cosas salían mal.

Gracias a Minimum, hicimos un *rebranding* de la marca y empezamos a pivotar el modelo de negocio, desde una colección de cursos a una membresía que te diera acceso a todos por un importe anual, que llamamos NocodeHackers PRO.

Escalando el proyecto hasta día de hoy

Después de tomar esta decisión, continuamos esforzándonos por encontrar cuál era el modelo de negocio de NocodeHackers, quién era el cliente, qué tipo de cursos teníamos que hacer y, sobre todo, cómo conseguir que más gente descubriera el mundo del No-code.

Poco a poco fuimos generando ingresos, lo que nos permitió contratar equipo, y se incorporaron personas como Sergio Mínguez, Carmen Mora, Marco Gómez, Elías Silva o Tomás Alonso, que me ayudarían a hacer crecer el proyecto. Sin embargo, aunque suena fácil, empezar un negocio nunca lo es y tuvimos un primer año un poco más difícil de lo que habíamos planificado. Pensábamos que escalaría mucho más rápido de lo que realmente sucedió en la práctica.

Probamos diferentes cosas —demasiadas para resumirlas por aquí—, pero finalmente llegamos al modelo que tenemos hoy en día, en el que ofrecemos formaciones dirigidas a las personas que realmente quieren convertirse en profesionales del mundo No-code, con una metodología basada en retos semanales, *feedback* constante por parte de expertos y contenido asíncrono que permite a los alumnos en seis u ocho semanas estar listos para coger sus primeros proyectos reales para clientes de verdad.

Pero, como decíamos al principio de este capítulo, lo más interesante es que no hemos escrito prácticamente ninguna línea de código hasta día de hoy. Todas las herramientas que usamos en NocodeHackers son No-code, desde Webflow, que seguimos utilizándolo como nuestra página web; a Podia y Heartbeat, donde viven nuestros cursos tanto gratuitos como de pago; Active Campaing para el *mailing*; Make, que orquesta todas estas herramientas entre sí; y por supuesto Airtable, que hace de nuestro CRM y corazón de nuestra empresa, gestionando desde la información de las ventas a la facturación. Nunca nos hemos visto limitados por estas herramientas, desde luego no en el sentido de no encontrar una vuelta creativa que nos permita hacer lo que buscamos, sino que, al contrario, nos han permitido ser muy ágiles a la hora de pivotar nuestro modelo de negocio y experimentar, sin tener que invertir en un equipo de desarrollo que se encargue de estas tareas.

A día de hoy, el equipo lo formamos principalmente cinco personas: Adrián Pedro Pérez, Tomás Alonso, Elías Silva, Adrià Solé y yo mismo; sin olvidarnos del equipo de administración que nos ayuda a que esto funcione: Viviana Reyes, Roxana Velarde y Carina Matyniak. La comunidad ha crecido hasta ser más de 15 000 alumnos en nuestros múltiples cursos gratuitos y más de 700 alumnos han hecho alguno de nuestros *workshops* (así llamamos ahora a nuestros cursos). Todos los años organizamos el NocodeDay, un día en el que casi 200 personas nos juntamos para aprender de los referentes que están impulsando el ecosistema No-code.

Está siendo un viaje increíble, en el que hemos cometido muchos errores y aprendido de ellos, pero sobre todo hemos tenido la oportunidad de formar a grandes alumnos que se han convertido en grandes profesionales del No-code y que ahora, gracias en parte a nosotros, han podido dar un giro a su carrera, lo cual es un sentimiento difícil de explicar.

Sirva este final de capítulo como un agradecimiento a toda la comunidad de alumnos que se han formado con nosotros y a ti en particular, que estás comprando este libro y haciendo que todo este proyecto siga teniendo sentido.

5. Rotusoft

Cuando hablamos de No-code podemos llegar a pensar que es algo reservado a empresas innovadoras y punteras, a *startups* y empresas muy grandes que tienen los recursos para invertir en construir tecnología propia.

Sin embargo, si me preguntas dónde creo que más puede aportar el No-code es en las empresas más «tradicionales». Las pymes que hacen un excelente trabajo en lo técnico, pero que muchas veces recurren a Excels o softwares antiguos y poco eficientes para gestionar su operativa. La alternativa, invertir 30-40 000 euros para crear un software a medida de la necesidad de la pyme. Algo que es una gran inversión para la mayoría de las empresas y que habitualmente acaba en historias no demasiado felices.

Sin embargo, el No-code ofrece la posibilidad de que sea la propia pyme la que desarrolle este software, sin tener que depender de una agencia que lo construya, simplemente siendo curiosos y dedicándole tiempo a aprender. Este es el caso de Javier Rodríguez, CEO de COVISSA, y la historia de cómo Rotusoft le ahorró más de 40 000 euros.

Creando una empresa de rotulación desde Sarria, Lugo

Muchas veces, el emprendimiento cae un poco de casualidad. Ese fue el caso de Javi, que en un impás de sus estudios decidió coger un trabajo de verano para ser un poco más independiente de sus padres. El destino fue una empresa de artes gráficas.

Al final, esos meses de verano acabaron convirtiéndose en un poco más de tres años. A lo largo de ellos estuvo aprendiendo las técnicas necesarias para ejecutar su trabajo. Pero Javi buscaba algo con un poco más de proyección y siempre había tenido cierta inquietud, por lo que en ese momento decidió dar un giro a su trayectoria y crear su propio negocio, COVISSA.

Con el paso del tiempo, la pequeña empresa empezó a encontrar sus primeros clientes, creciendo en facturación y necesitando crecer en equipo, reinvirtiendo la mayoría de lo que se iba generando en el negocio para continuar creciendo. Conforme iba aumentando el equipo, era también necesario reducir la dependencia de Javi para la operativa de la empresa. Y es que la diferencia entre un autoempleo y una empresa sólida es precisamente la dependencia o no de personas particulares para que la operativa de empresa funcione de manera normal.

Es ahí cuando empezó la obsesión de Javi por definir e implementar los procesos operativos de la empresa y formar a miembros del equipo que tenían la mayor experiencia o mayor capacidad para crecer dentro de la empresa, construyendo una máquina operativa que permitiera afrontar las tareas del día a día sin depender de personas específicas.

En ese momento descubrió el No-code, empezando por Notion.

Creando un primer CRM con Notion para organizar los procesos

Ante la necesidad de tener un espacio en el que estén todos estos procesos documentados, así como organizar mejor la carga de trabajo del equipo y cuál es el estado de los diferentes trabajos, Javi empezó a buscar herramientas que le ayudaran a poner un poco de orden digital a este mundo.

En ese proceso de búsqueda descubrió una herramienta llamada Notion (una de las herramientas No-code más populares), que prometía ser un lugar en el que centralizar toda la información de la empresa, gestionar tareas y proyectos, equipo… Una especie de cerebro de la compañía.

Descubriendo herramientas: Notion

Notion nace para convertirse en el lugar centralizado para toda la información que necesites tanto a nivel de empresa o proyecto como a nivel particular. Desde hacer listas de la compra a organizar empresas de cientos o miles de empleados, Notion te permite construir tu espacio digital a medida sin programar.

A través de un constructor visual muy similar a Word, puedes construir documentos de texto, con imágenes, vídeos, etc., pero sin duda destaca por añadir funcionalidades más complejas, como bases de datos y automatizaciones para ofrecer mucho más valor a su usuario, permitiendo construir auténticas herramientas digitales como si fueran bloques de Lego pero sin necesidad de programar.

A través de los vídeos de Elena Madrigal, NocodeHackers y Rubén Loán, Javi iba profundizando en las partes más técnicas de la herramienta, a la vez que iba construyendo una primera versión de ese ERP. En él podía crear proyectos, con sus tareas relacionadas, asignarlos a miembros del equipo y vincularlos a la documentación necesaria de un proceso.

Imagina que tienes un trabajo que requiere de tres tareas que deben ser completadas de manera secuencial. Cada tarea debe ser desempeñada por un operario concreto y tiene que seguir una serie de pasos y validaciones que están detalladas en un documento de la operación. Gracias a Notion, Javi podía tener una visual de cómo evolucionaba esta tarea, sabiendo el estado en tiempo real de cada una de las tareas del proceso, así como que el operario que las realiza disponga de un manual y guía que le indique las tareas que debe ejecutar y sobre todo cómo ejecutarlas.

Sin embargo, a nivel usabilidad no era la herramienta más cómoda para sus empleados, por lo que, buscando alternativas para ofrecer una mejor experiencia de usuario, encontró en Airtable y Glide un *stack* que podría cumplir sus expectativas y mejorar la efectividad de la empresa.

Es ahí donde nace Rotusoft.

Creando Rotusoft, un ERP para empresas de rotulación

El trabajo de rotulación es un trabajo muy manual, que requiere habitualmente que los trabajadores se desplacen al lugar de instalación. Es ahí donde tener una aplicación cómoda en la que gestionar las operaciones es algo vital.

Gracias a Glide, Javi pudo construir una aplicación móvil realmente funcional, que permite a cada uno de los operarios:

- Ver sus trabajos actuales.
- Ver tareas para cada día.
- Llamar para pedir ayuda.
- Gestionar el fichaje dentro de la empresa.
- Consultar mediante un chat dudas rápidas.
- Consultar los procesos operativos de cualquier tarea de la empresa.

Esta aplicación está construida sobre un Airtable, una herramienta como Excel pero mucho más fácil de usar, especialmente para gestionar procesos, ya que funciona como una base de datos —algo así como un Access en su día—, pero con una interfaz y una experiencia de usuario más cuidadas.

Gracias a esta herramienta puede construir la base de datos tanto de trabajos como de tareas como del equipo de COVISSA, teniendo una serie de automatizaciones que permitan agilizar el proceso y sirviendo como una especie de *backend* de la propia herramienta, permitiendo a Javi tener una visión de administrador desde la que controlar todo el flujo de la herramienta.

Estas dos herramientas están integradas para visualizar la información de Airtable directamente en Glide y permitir que cada usuario vea únicamente la información que necesita ver, así como poder interactuar con las tareas, completando por ejemplo una tarea al pulsar un botón y que quede registrado en la base de datos.

Una aplicación creada sin diseñadores

Lo mejor de Glide es que le ha permitido construir una aplicación centrándose únicamente en el problema que tiene que resolver y no tanto en su parte de diseño, ya que Javi no es diseñador. Al contar con una serie de componentes predefinidos, es posible montarlos como bloques de Lego, ajustarlos con una mínima personalización por el usuario para adaptarlo a sus necesidades y gusto.

Esta restricción, que podría parecer en principio que es una desventaja, es realmente una de las grandes ventajas del No-code. Y es que muchísimas aplicaciones, cuando son creadas por personas que no son diseñadoras, acaban resultando un poco como Frankensteins: aplicaciones que no se ven profesionales y que no cumplen con lo que te esperarías en 2024 que fuera una aplicación.

Glide en este caso proporciona un diseño profesional y homogéneo en sus aplicaciones. Al utilizar sus componentes, sabes que están pensados por un equipo de diseñadores para que encajen entre sí y ofrezcan una experiencia que se vea profesional.

Lo importante es que resuelva el problema de operativa de la empresa, permitiendo centrar la conversación en torno a la problemática, y no si la aplicación es más o menos bonita.

Involucrando al equipo en la construcción

Sin duda, uno de los mayores retos de construir cualquier software es que resuelva el problema de manera correcta. Esto puede parecer obvio, pero muchísimas veces a la hora de hacer un desarrollo se define un problema a resolver por parte de una persona que luego no va a ser la que lo ejecute. En ese proceso pueden omitirse y pasarse por alto ciertas cosas que son claves en el proceso y sin las que no puede resolverse bien el problema.

La ventaja del No-code está precisamente en que acelera este proceso, permitiéndote construir una primera versión de la aplicación mucho más rápido, al estar utilizando componentes que ya están creados. Con esto, puedes enseñarle una aplicación real y funcional en días o semanas y no en meses, como en desarrollos más tradicionales. El usuario final la puede probar y dar *feedback* que servirá para comprobar si efectivamente resuelve bien el problema del usuario o es necesario hacer modificaciones. Esto es un proceso iterativo que permite ir refinando y mejorando el producto poco a poco. Cuanto más rápido sea el proceso y la velocidad de iteración, menos tiempo pasaremos construyendo funcionalidades y herramientas que luego nadie utilice.

Cuando identificas un problema, creas una solución y recibes el *feedback* positivo de la empresa, te das cuenta de que no estás simplemente creando software, estás ayudando a las personas, haciendo más eficientes y rentables las empresas y mejorando las vidas de sus dueños.

Rotusoft en números

- Usuarios activos: 12 empleados.
- Departamentos: Administración, producción, logística e instalación.
- Horas usadas en desarrollo: Aproximadamente unas 60 horas.
- Horas de trabajo ahorradas: Unas 4 horas al día entre los diferentes puestos.
- Tareas implementadas: Creación de tareas por departamento, aplicación móvil para instaladores, sistema de generación de pedidos por departamento, control de facturación, sistema de comunicación de incidencias.

- Horas ahorradas: 1056 horas al año (serán más cuanto más grande sea la empresa y más personas trabajen en cada departamento).
- Coste para la empresa de esas horas: 15 840 euros/año.

Con estos números podemos comprobar que el impacto de esta herramienta es sin duda un gran aliado para la operativa de COVISSA que no solo se traduce en una mejor operativa, sino en un ahorro de coste para la empresa.

Contando con la ventaja añadida de que no es necesario sumar un mantenimiento a la aplicación, ya que lo único que es necesario pagar es el coste de la herramienta, que está en torno a los 100 euros mensuales para todo el equipo.

Para poner en contexto, Javi en su día intentó desarrollar esta misma herramienta mediante un desarrollo en código, en un proyecto en el que invirtió más de 40 000 euros y que al final nunca llegó a implementarse.

¿Qué puedo aprender de esta historia?

Este ejemplo nos viene a poner en evidencia que, gracias al No-code, cualquier pyme puede construir una herramienta que mejore la operativa interna de su empresa sin tener que contar con un equipo de desarrollo.

Además, esto nos da la ventaja de que conocemos muy bien la operativa de la empresa y nos permite diseñar aplicaciones que podamos testar con los usuarios finales de la aplicación de una manera mucho más rápida, ahorrando en costes y en tiempos.

Sin duda, creo que cualquier empresa debería considerar acudir al No-code antes de ponerse a desarrollar soluciones a medida de manera tradicional. Probablemente no pueda resolver el 100 % de los problemas de las empresas, pero sin duda para la gran mayoría ir por esta vía supondrá un ahorro de costes y un ahorro de tiempos.

6. SinOficina

Uno de los prejuicios que se suelen ver en el mundo del emprendimiento es que es necesario crear algo increíblemente complejo a nivel tecnológico para emprender. Sin embargo, en la mayoría de los casos, la tecnología es lo de menos. Lo más importante es encontrar un problema que alguien tenga, y que esté dispuesto a pagar por una solución.

Y eso es precisamente lo que Bosco Soler encontró en los trabajadores remotos que buscan una comunidad cercana que los apoye en sus negocios —o en su vida en general—, creando SinOficina, el lugar donde puedes convertir tus ideas en proyectos y tus proyectos en negocios, rodeándote del mejor talento *online*, como él mismo lo describe.

Este capítulo me hace especial ilusión escribirlo, puesto que Bosco, además de amigo, es un referente personal sobre cómo hacer las cosas en NocodeHackers, y parte de la culpa de que hoy esté aquí escribiendo este libro recae en sus hombros.

De arquitecto a *freelance*

Bosco estudió Arquitectura, pero probablemente lo que menos le define sea la carrera que ha estudiado. En sus propias palabras, escogió la carrera porque se le daban bien las matemáticas y el dibujo técnico, y parecía la salida natural a sus intereses. Sin embargo, durante esta se encontró ante inquietudes nuevas que despertaron su curiosidad, como fue aprender a hacer páginas web sencillas a través de tutoriales gratuitos y la práctica.

Perseguir este nuevo interés le llevó a querer profundizar, y lo hizo de una de las maneras que probablemente sean la mejor escuela posible: conseguir los primeros clientes que paguen por algo que construyes con tus manos, tu creatividad y tu propio portátil.

Sin saberlo, se estaba gestando el inicio de SinOficina desde la propia carrera. En un sector como la arquitectura, realmente pasional pero con unas condiciones normalmente complicadas para encontrar un trabajo que ofrezca unas buenas condiciones y sobre todo sin mucha libertad para decidir dónde trabajas o dónde vives.

Por ello, nada más terminar la universidad, Bosco decidió empezar un máster algo diferente a lo habitual. Coger una mochila de 10 kilos, en la que llevaba todo lo necesario para vivir y su portátil para trabajar y continuar ofreciendo servicios a sus clientes.

Y esa sensación de libertad se volvió adictiva. Poder trabajar desde cualquier lugar del mundo, mientras tengas una conexión a internet y un portátil, es algo que hace difícil volver a una oficina una vez que lo pruebas. A este movimiento se lo conoce como el nomadismo digital.

Personas que viven viajando, ya sea durante todo el año o asentados en un lugar central y viajando de vez en cuando, pero siempre con un negocio *online*, habitualmente como *freelance*, que les permita generar ingresos a la vez que descubrir el mundo.

Descubriendo el mundo del emprendimiento

Hay veces que la casualidad te lleva por caminos inesperados. Eso pasó cuando Bosco se presentó a un programa de emprendimiento —Yuzz del Santander, con una aplicación para redefinir la experiencia de consumir y descubrir arte en tu propia ciudad—.

Durante cinco meses descubrió conceptos que ahora podemos dar casi por descontados, como el «fallar rápido, fallar barato» del *lean startup* o centrarte en validar que tu idea tiene sentido antes de invertir en construir algo que nadie quiere. Resultaron ganadores de su edición en Valencia y consiguieron un viaje a Silicon

Valley en el que descubrir en profundidad el mundo de las *startups*. Todo en pleno 2015.

Después de esa experiencia, Bosco tenía claro que lanzar proyectos lo más rápido posible era la clave para descubrir en el menor tiempo si un negocio podría funcionar o no.

Es ahí donde nace el germen de SinOficina.

Un *coworking ¿online?*

Durante esa etapa, Bosco vivía en Madrid. Una ciudad en la que siempre están pasando cosas. Donde es realmente sencillo encontrar gente con la que tomar un café y que sea interesante, llena de eventos relacionados con emprender y la tecnología.

Y como trabajador nómada, los *coworkings* se convirtieron en una alternativa a una oficina más tradicional. Un lugar en el que poder trabajar, pero a la vez conocer a nuevos compañeros y compañeras, habitualmente con trabajos *freelance* que les permiten no tener que ir todos los días a una oficina.

En 2018, por una decisión personal Bosco se fue a Murcia, donde vivía con su pareja, y continuó su modelo de negocio como *freelance*. Sin embargo, echaba de menos esa conexión con otra gente que proporcionaba el estar en una ciudad como Madrid. En su día a día no tenía compañeros de trabajo con los que intercambiar opiniones o tomar una cerveza al acabar la jornada, ni podía conocer a gente nueva.

Y muchas veces los mejores proyectos nacen de nuestros propios problemas. Al crear algo que nos ayude a nosotros, podemos encontrar que a lo largo y ancho de este mundo hay más personas que están experimentando un problema similar.

Por eso Bosco decidió lanzar el primer *coworking online*, que llamó SinOficina. Un lugar en el que los *freelance* y trabajadores remotos puedan encontrar gente con talento a lo largo del mundo con la que conectar y sentir la misma experiencia de estar en un *coworking*, adaptado por supuesto al mundo virtual.

No reinventes la rueda

Tras pasar por el programa de Yuzz y su emprendimiento, Bosco tenía claro que no quería complicarse y reinventar la rueda para dar vida a su negocio, por lo que se centró en construir la comunidad de SinOficina con herramientas que ya existieran en el mercado, en vez de construir algo desde cero.

He conocido decenas de emprendedores que cuando tienen una idea de negocio se lanzan a desarrollar algo desde cero. Invierten sus ahorros y su tiempo en construir la aplicación que tienen en mente. Y lo hacen porque están convencidos de que su idea es la mejor idea del mundo y va a funcionar seguro. Confían al 100 % en que en cuanto tengan la aplicación los usuarios empezarán a llegar.

En contadas ocasiones esto es cierto, pero para la gran mayoría de las personas no suele pasar así. Después de esa inversión, te puedes dar cuenta de que, cuando lo lanzas al mercado, nadie lo quiere. O lo que es peor: que el desarrollo se complique y nunca llegues a lanzar el producto al mercado.

Como emprendedor no debes obsesionarte con tu idea. Este es uno de los mantras que se repiten una y otra vez, pero que no puede ser más cierto. Lo que debe obsesionarte como emprendedor es encontrar a alguien que tiene un problema por el que está dispuesto a pagar porque se lo resuelvan.

Para ello, cuanto menos tiempo inviertas en lanzar algo al mundo real y descubrir si el problema que intentas resolver existe, más posibilidades tienes de probar hasta encontrar un problema de verdad que una (¡o idealmente muchas!) personas tengan.

Por eso Bosco decidió no montar una aplicación para su comunidad y en vez de ello utilizar Slack, una herramienta para comunicación profesional que normalmente estaba reservado a chats internos de empresas, tanto pequeñas como grandes, y que se asociaba al entorno laboral.

Y no es perfecta. Estoy seguro de que la visión de cómo sería esta comunidad en ese momento que tenía Bosco y lo que Slack le permitía realmente hacer eran muy distintas. Pero era suficientemente buena como para crear un entorno en el que dar vida a su idea. Sí, por supuesto que había que hacer pequeñas adaptaciones y automatizar ciertas cosas para conseguir que fuera un lugar ideal para este proyecto, pero no tuvo que desarrollar una sola línea de código para tener el lugar en el que viviera SinOficina.

A mayores, desarrolló una página en WordPress en la que contar su idea al mundo y explicar lo que la gente se encontraría dentro de la comunidad. A través de *plugins* pudo montar un sistema para cobrar a la gente *online* y gestionar todas las personas que están dentro de la comunidad, altas, bajas, etc.

Es así como nace SinOficina. Sin una sola línea de código.

El nacimiento de SinOficina

Durante su tiempo como *freelance* y nómada digital, Bosco fue construyendo una audiencia de personas que siguieran sus aventuras, principalmente por Twitter, pero también por su página web y su blog.

Esto hizo que el día que lanzó SinOficina consiguiera más de 30 personas, lo que demostró que la idea estaba más que validada (probablemente nunca se imaginaría que llegaría a las 700 que hoy en día forman parte de ella).

Bosco había encontrado un problema que más gente tenía y que estaban dispuestos a pagar por solucionarlo. Además a un precio mucho menor que un *coworking* tradicional.

Y puede que te preguntes qué es lo que hay dentro de SinOficina que lo hace tan especial. Y la realidad es que no es una sola cosa, sino cómo hacen las cosas. El sentimiento de pertenencia a la comunidad está increíblemente bien logrado, con un acompañamiento por parte de Bosco y María Sajim, su pareja y parte del equipo de SinOficina, que te abrazan en tu llegada a la comunidad y te permiten asistir a la fiesta sin sentir que eres el último en llegar y que no sabes con quién hablar.

Además, el que llame a un perfil concreto de *freelance* hace que la gente dentro de la propia comunidad se pueda apoyar entre sí. A través de canales como el #busco-ofrezco, pueden encontrar a alguien que les ayude con sus dudas legales o pueda crear proyectos entre varios miembros de la comunidad.

Pero SinOficina no se centra solo en lo laboral, sino también en lo personal, con actividades como eventos presenciales en los que más de 150 personas nos juntamos para disfrutar de un día para la comunidad o clubes en los que debatir sobre cine, política o lo que sea.

¡Hasta tienen una sala en la que poder trabajar con la cámara encendida y el micrófono apagado para sentirte acompañado mientras teletrabajas!

Con el tiempo, más y más personas se unieron a la comunidad y empezaba a convertirse en un proyecto serio que permitiera a Bosco centrarse en él y hacerlo crecer.

Escalando el proyecto y automatizando procesos

Al tener tanta gente uniéndose a la comunidad, los procesos que son necesarios para dar esa experiencia excelente acaban apilándose.

Y es que si todo es manual, el tiempo que requiere cada nueva persona, aunque sea simplemente treinta minutos, acaba apilándose y recayendo en las manos de Bosco.

Por eso tuvo muy claro desde el principio que no quería centrarse en hacer tareas manuales y repetitivas, sino que quería automatizar al máximo la comunidad para centrarse en aportar valor y darle forma, en lugar de centrarse en la operativa.

Es ahí donde Bosco empezó a automatizar procesos, utilizando Zapier como pegamento digital entre todas las herramientas que tenía para procesos tan sencillos como hacer una factura cuando una persona se une a la comunidad y enviársela por correo, o enviarle un *email* cuando falle uno de los pagos de las cuotas de la comunidad. Y es que cada uno de estos procesos lleva no más de dos minutos cada uno, pero si lo multiplicamos por cada uno de los miembros de la comunidad, acaban llenando todas las horas del día y agobiándote.

Para simplificar la operación y conocer a todos los miembros, Bosco también integró Airtable con su comunidad para saber en todo momento quiénes eran, el estado de sus pagos o cuándo les tocaba renovar, y tener información importante de cada miembro.

Con la ayuda de Bohdan, parte de su equipo, también añadieron más funcionalidades al WordPress para tener un lugar en el que subir por ejemplo las charlas que se hacían en la comunidad o un directorio de miembros o beneficios para los miembros registrados. De esta manera, el proyecto crecía prácticamente solo a nivel tecnológico, permitiendo que Bosco se centrara en cómo hacer cosas innovadoras que mejoraran la experiencia de la comunidad.

Sin embargo, se encontraron con un límite de la herramienta que usaban como lugar central de su comunidad: no se podían tener más de 500 personas en una comunidad de Slack sin tener que pagar miles de euros. La herramienta ponía un límite al número de mensajes que se podían leer y buscar, lo que hacía que prácticamente en un mes se borrara todo el historial de conversaciones y se perdiera información muy relevante por ahí constantemente.

Esto, que podría parecer una limitación que pudiera matar el crecimiento del proyecto, acabó convirtiéndose en una oportunidad de mejorar incluso más la experiencia de la comunidad.

Y aquí podría haber optado por, ahora sí, invertir parte del beneficio de SinOficina en construir y desarrollar algo a medida para su comunidad, ya que ahora sí que entendía lo que sus usuarios necesitaban. Sin embargo, Bosco optó por continuar con su línea de «fallar rápido, fallar barato», y ante el riesgo de este movimiento decidió examinar las herramientas de comunidades del mercado, decantándose por otra parecida a Slack, Discord. Pero esta está mucho más pensada para alojar comunidades y les permite crecer sin límites hasta los más de 700 miembros que actualmente formamos parte de SinOficina.

Es así como hoy día SinOficina es el proyecto vital de Bosco y de su pareja, María, y una de las mejores comunidades de habla hispana. Todo sin una línea de código.

¿Qué puedo aprender de la historia de SinOficina?

La historia de SinOficina es probablemente una de mis favoritas porque demuestra que puedes construir un negocio *online* que te permita vivir de ello sin que tengas que desarrollar nada extremadamente complejo desde cero.

Al decidir no construir una aplicación desde cero para su negocio y optar por Slack, una herramienta que no era perfecta para lo que buscaba Bosco, pero que era realmente muy similar y que se podía adaptar, pudo lanzar este proyecto al mundo y demostrar que había más gente como él dispuesta a pagar por pertenecer a SinOficina.

Además, podría haber optado por la vía de aumentar el equipo y fichar a más gente para hacer más grande el proyecto, pero decidió optar por una vía en la que el negocio se adaptara a su manera de vivir y no al contrario, teniendo todo el tiempo del mundo disponible para pensar, escribir o jugar al tenis, sin la ambición de crecer a toda costa tan omnipresente en el mundo de las *startups*.

Y esto es posible porque gracias al No-code, sin tener que programar nada, Bosco pudo automatizar la mayor parte de la operativa del negocio, especialmente las tareas que no aportan nada de valor añadido a sus clientes, como la facturación o la gestión de altas y bajas. También le ha permitido escalar y crecer el negocio, cambiando incluso la herramienta principal que daba vida a su comunidad en el proceso, pero manteniendo la comunidad tan fuerte que han creado.

Si te llevas una idea de este capítulo, que sea que puedes empezar un negocio a base de resolver tus propios problemas. Y que quizá eso te cambie la vida.

7. Edify

El No-code es una herramienta excelente para validar que un proyecto tiene sentido en el mercado. Te permite ser mucho más rápido a la hora de construir la primera versión de tu producto, pero también ser mucho más ágil a la hora de iterar en función del *feedback* que recibas, ofreciendo una flexibilidad prácticamente infinita a la hora de poder ir cambiando lo que ofreces en función de lo que te digan tus usuarios.

Pero una de las críticas más habituales que recibe el No-code es que no escala lo suficiente y que necesitarás en algún momento llegar a desarrollar algo desde cero. En este capítulo descubriremos la historia de Carlos Beneyto y Edify, que nos va a demostrar que es posible empezar un proyecto con No-code, apretar y llegar hasta sus límites hasta acabar vendiendo el proyecto a Idealista.

Encontrando una oportunidad en el mercado inmobiliario

La historia de Carlos empieza en 2021, cuando se junta con unos amigos para hablar sobre el sector inmobiliario, que lleva bastante estancado y que únicamente han aparecido algunas *startups* relevantes en España.

Y es que todas se centran en encontrar una casa que esté perfectamente adecuada a las necesidades de la persona, ya sea para vender tu casa más rápido o para encontrar una casa de alquiler que encaje con lo que buscas. Sin embargo, en el mercado inmobiliario actual es realmente complejo encontrar una vivienda que se adapte a todas las condiciones con un presupuesto razonable y en una zona razonablemente céntrica.

La otra opción popular es encontrar un inmueble que esté en una buena zona y reúna las características a nivel de tamaño, número de habitaciones, etcétera, pero que actualmente no se encuentre en condiciones óptimas. Vamos, que necesita una reforma. Sin embargo, si tú, estimado lector, te has enfrentado alguna vez a una reforma sabrás que son procesos engorrosos y que normalmente se alargan más de lo estimado, tanto en tiempo como en costes.

Es ahí donde Carlos y sus amigos encuentran una oportunidad en la que quizá nadie había pensado hasta ese momento:

¿Qué ocurre cuando una persona quiere vivir en el centro…, pero quiere vivir la experiencia de disfrutar una vivienda nueva y sin tener que irse a las afueras de la ciudad? Y si encima ya la «personalizamos» para esa persona… ¡Guau! 🎉

¿Por qué no ofrecer una vivienda e incluir la reforma en el precio? De esta manera estás ocupándote de la parte más compleja, que es transparente para el cliente, pero a la vez ofreciéndole una vivienda que cumpla con todas sus expectativas.

Es entonces cuando se decidieron a intentar validar si el proyecto podría funcionar. En ese momento cada uno de ellos trabajaba en otras empresas y no querían abandonarlas por algo que no sabrían si funcionaría o no. Es ahí donde el No-code sería de vital utilidad.

Validando la idea lo más rápido posible con No-code

Cuando te enfrentas a la situación de tener una idea que crees que puede tener sentido en el mercado, puede que tengas una de dos reacciones:

- Trabajar en secreto en la idea y no lanzarla hasta el momento en el que esté perfectamente lista.

- Lanzarla al mundo lo antes posible para ver si resuena con el mercado y, si lo hace, dedicar más esfuerzos a construirla.

Ambas opciones pueden ser válidas dependiendo del producto que estés construyendo. Si es tremendamente tecnológico y buscas empujar las barreras de lo que es posible construir, puede tener sentido ir a por la primera opción. De hecho, Figma, una de las herramientas más populares de diseño del mercado, estuvieron —¡cinco años!— desarrollándola antes de lanzarla.

Sin embargo, en la mayoría de los casos los proyectos no son especialmente complejos a nivel tecnológico, sino que lo que buscan es encontrar un usuario que tiene un problema que actualmente no está siendo resuelto.

Este es el caso al que se enfrentaban Carlos y sus amigos, ya que no querían tirarse a la piscina del mundo del emprendimiento si no había agua en ella.

La alternativa era irse a un desarrollo tradicional en código, que les habría llevado unos cuantos meses de dedicación y una inversión de dinero del que en esos momentos no disponían, o que no querían invertir antes de demostrar que existía una oportunidad.

Es por eso por lo que decidieron apostar por construir un producto con la tecnología más «barata» posible utilizando No-code y lo hicieron por tres principales razones:

- Facilidad de iteración. Testear, pues no sabían realmente qué es lo que necesitaban a nivel de producto y como sería.
- Menor coste de validación. Validar lo más rápido posible, teniendo una versión sencilla del producto que les permitiera validar el interés.
- Menor coste de ejecución. No tener que invertir en contratar desarrolladores que construyeran una idea que no sabían si iba a funcionar o no.

Con esto decidido, tuvimos la suerte de que contaran con el equipo de Minimum.run del que formo parte, y pude vivir el proyecto realmente de cerca y ver cómo nació.

Validando el interés con una página web y un formulario

Muchas veces pensamos que es necesario tener un producto supercomplejo desarrollado para poder salir a venderlo. Pero la realidad es que la mayoría de los proyectos se pueden validar con una simple página web en la que expliques la propuesta de valor de tu producto y un formulario que te permita captar *leads* de personas interesadas.

En el momento en el que expresan su interés estaremos validando que hay demanda del producto. Esto puede ser desde rellenar este formulario a hacer un «registro» en una versión beta que aún no sea funcional.

Y es que realmente, tengas el producto desarrollado o no, tienes que buscar la manera de llegar a tus usuarios, contarles cómo tu proyecto soluciona su problema y que ellos decidan si les interesa o no. Es un paso que es necesario que den cuando tengas el producto construido y que habitualmente es la parte más compleja del proyecto. Así que, si podemos darle la vuelta a la tortilla y empezar por enseñar cómo funciona el producto desde el principio, aunque no esté terminado, estaremos validando el interés real de las personas por utilizarlo.

Para ello, desde Minimum.run les ayudamos a construir la primera versión de su proyecto.

El objetivo, como decíamos, era presentar una página web que se viera profesional y transmitiera confianza, así como ofrecer un formulario en el que captar información de potenciales clientes interesados en la propuesta de valor de Edify. Para ello nos decidimos por hacer un pequeño *branding* de marca que diera un aspecto visual consistente al proyecto y construir la web en Webflow.

Y esto es algo que Carlos recalca constantemente. Hace unos cuantos años era suficiente con hacer una página web más o menos cutre que contara la propuesta de valor para poder tener productos que funcionaran. Sin embargo, el listón de lo que los usuarios esperan actualmente está mucho más alto y es necesario hacer cosas que se vean con un mínimo de calidad y diseño para poder destacar entre el mar de productos que nos rodea constantemente.

Además contamos cada vez con más recursos para hacer estos productos y páginas web con un buen diseño aunque no seamos expertos diseñadores ni desarrolladores. A través de plantillas y componentes prehechos por gente con conocimientos de diseño vamos a poder construir páginas web realmente con buena calidad.

Pero volvamos al objetivo del proyecto: validar que existe un mercado para este producto. Y para eso necesitamos captar la información de usuarios que estén interesados: cuanta más información obtengamos, más estaremos validando que el producto tiene sentido.

Piensa que dejar simplemente un *email* en un formulario es algo que haces casi sin pensar. No te requiere ninguna inversión de tiempo y puede que lo hagas simplemente por curiosear. Si por el contrario, tuvieras que dedicar unos cinco minutos a rellenar un formulario con unas 10-15 preguntas, estoy seguro de que no lo harías si realmente no te interesara. Esto es lo que se conoce como «*leads* cualificados», que son gente con un mayor interés por el producto ya que han invertido su tiempo para hacerlo.

Para construir ese formulario utilizaron una herramienta que ya no existe en 2024 llamada Arengu, que les permitió diseñarlo con una lógica bastante compleja, además de que estaba completamente personalizado a la marca de Edify y no parecía que fuera una herramienta adicional, sino que se veía como parte de la web.

De ahí, los datos se iban a una base de datos en Airtable, en la que guardaban la información de los potenciales clientes que iban recopilando en el formulario y que les permitía buscarlos de un vistazo, filtrarlos y ordenarlos, además de hacer una copia de seguridad, que nunca viene mal.

La última pieza de este puzle de herramientas es Hubspot, el lugar en el que el equipo de ventas (al principio ellos mismos) trabaja. En lo que se conoce como CRM *(customer relationship manager)* o gestor de clientes.

En esta herramienta podían tener registrados todos los clientes que entraban en la web y todas las interacciones que hacían con ellos, como, por ejemplo, todos los *emails* que se enviaban para intentar convertirlo en cliente, las llamadas, tomar notas que quedaran reflejadas en la ficha del potencial cliente, etc.

Pero como no había una manera sencilla de conectar el formulario de Arengu con Hubspot, utilizaron una de las herramientas más importantes que te puedes llevar de leer este libro: Zapier.

Zapier es el pegamento de internet

Te permite de una manera realmente sencilla hacer automatizaciones entre varias herramientas, en procesos que te ahorrarán cientos o miles de horas y que funcionarán siempre, sin que tengas que hacerlo tú de forma manual.

A través de una serie de pasos que defines de tu automatización, puedes conectar más de 5000 herramientas entre sí y pagar por el número de veces que se ejecutan. Es sin duda una de las aplicaciones que más dinero te pueden ahorrar al año.

Gracias a Zapier y con un poco de paciencia, pudieron unir todas estas herramientas entre sí para conseguir que todo funcionara de manera automática.

Y es que piensa que, aunque hacer a mano cada una de estas tareas no lleva demasiado tiempo, es algo que tienes que hacer sí o sí. Imagina que son cinco minutos por cliente, pero que tienes veinte clientes al día. Ya es casi hora y media de una persona dedicada a esto con un volumen realmente pequeño. Además les permitió hacer ciertas automatizaciones para mejorar su calidad de vida, como enviar un mensaje al grupo del equipo cada vez que entrara un nuevo *lead* en la web.

De nada sirven estas herramientas si nadie conoce la web. Por eso se dedicaron a invertir en publicidad en Meta (Instagram y Facebook) para acelerar el proceso de llegar a los ojos de potenciales clientes.

Así, con este pequeño ecosistema de herramientas, pasaron en tres meses de una idea a vender viviendas por valor de más de 500 000 euros, validando su negocio y tomando la decisión de invertir en el proyecto.

Escalando el proyecto una vez validado

Cuando tienes pocos clientes, puedes hacer muchos procesos que sean completamente ineficientes y manuales; realmente no importa, porque eres capaz de suplirlo haciendo las cosas a mano. Pero, como hemos visto, cuando empiezas a sumar tareas manuales, con la escala empiezan los problemas de tiempo y de realmente ser efectivos a la hora de trabajar.

Estaban llegando en ese momento los primeros clientes, pero, debido a que para cada uno tenían que redactar una propuesta personalizada en función de lo que estaba buscando, podían pasar días. Así que decidieron ver cómo podrían reducir este tiempo a minutos.

Es ahí donde recurrieron a una herramienta que se llama Proposify, que se conecta a través de nuestro querido Zapier con Hubspot para tener toda la información del cliente, generando un documento con todos los datos contractuales para el cliente y que directamente lo podían firmar de manera digital. Todo con una experiencia que es realmente transparente para el usuario y ofreciendo una propuesta que se ve con la marca de Edify. Consiguieron reducir un proceso en el que gastaban un mínimo de uno o dos días a simplemente cinco minutos gracias a Zapier.

Cuando un cliente firmaba este contrato, empezaban a enviarle propuestas de viviendas para que pudiera escoger las que realmente le interesasen. Y para ello, generaban un informe de la vivienda que entregaban a los clientes con un aspecto realmente profesional. De nuevo, hacer este fichero para cada cliente personalizado y que tuviera ese diseño cuidado llevaría mucho tiempo si lo tenían que hacer a mano. Al final no es más que una misma plantilla en la que cambia la información más importante de cada una de las viviendas, como la ubicación, los metros cuadrados, las fotos, etc.

Por eso en esta ocasión, y de nuevo mediante Hubspot y Zapier, apoyándose en un *plugin* añadido a Figma, fueron capaces de generar un informe de manera automática que recogiera todos los datos del cliente y de la vivienda de Hubspot y los pintara dentro de los huecos de la plantilla en Figma. De nuevo, gracias a la automatización a Zapier, con un equipo pequeño podían suministrar a los clientes toda la información necesaria para que pudieran encontrar su vivienda actual, reduciendo el proceso de días a horas.

Pero queda el punto más crítico, que es cuando el cliente decide confiar en Edify, encuentra una propuesta de vivienda que le gusta y le encaja y empiezan a trabajar en la reforma del piso.

Para ello aprovecharon que tenían la página web en Webflow para crear una especie de área privada para cada uno de los clientes en el que podrían ver toda la información del estado de su reforma. De nuevo, gracias a Zapier podían hacer que esto se generara de manera automática cada vez que un cliente llegaba a una fase dentro de su CRM en Hubspot, creando la vivienda con toda su información y el estado de la reforma.

Ahí se podía encontrar el estado de su reforma, galerías de fotos y vídeos, a descargar los documentos como la nota de encargo, los planos, las facturas, la información del arquitecto…

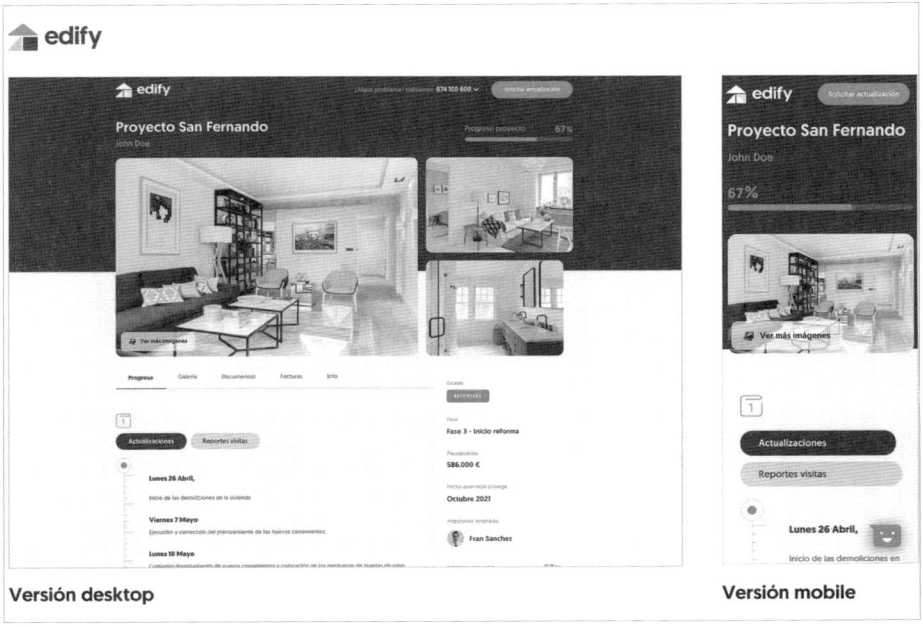

Versión desktop   Versión mobile

La experiencia para el cliente es espectacular, ya que él no sabe si está dentro de algo creado con herarmientas No-code y pegado con Zapier entre sí o es un desarrollo tecnológico que le ha costado al equipo de Edify miles de euros. Y la realidad es que da igual.

Recuerda que lo importante es que resuelvas un problema a un usuario y que lo hagas mejor que las alternativas existentes en el mercado. Lo que les importa en este caso a los clientes de Edify es recibir las propuestas de viviendas y, que una vez que se deciden por una, tener toda la información de cómo va su reforma de manera actualizada. El cómo lo resuelvas es lo de menos, ya que es algo completamente transparente para el usuario final. Todo, por supuesto, mientras tengas ese mínimo de calidad del que hablábamos anteriormente.

Sin embargo, optar por este ecosistema de herramientas también presenta sus retos y dificultades.

Explorando los límites del No-code

Con el paso del tiempo y el aumento de leads y procesos dentro de la compañía, algunos de los problemas del desarrollo inicial empezaron a salir a la luz.

Especialmente cuando empiezas a facturar y a tener un proceso establecido para dar servicio a tus clientes, lo habitual es que, si algo está funcionando, no tengas motivos para cambiarlo. Pero hay veces que este proceso puede suponer un gran bloqueo en las operaciones de la compañía.

Esto es exactamente lo que les pasó después de facturar 1,2 millones de euros desde el inicio del proyecto en 2021, ya que tenían tantos clientes que los procesos de mantenimiento hacían que no pudieran darles un buen servicio.

Al final, el punto clave de todo el desarrollo gira en torno al *dashboard* del cliente, el lugar en el que está toda la información de sus clientes y que era necesario actualizar a mano, cosa que con unas decenas de ellos se empezó a volver insostenible.

Al no ser Webflow una herramienta pensada para la construcción de este tipo de soluciones, presentaba una complejidad técnica demasiado elevada. Vamos, estaba explotando los límites de la herramienta y se había quedado pequeña. Pero como este *dashboard* es el lugar central de lo que ofrece Edify y de la experiencia de cliente, era necesario que realmente fuera algo cuidado.

Por eso buscaron diferentes alternativas para tenerlo, y se dieron cuenta de que era necesario invertir tiempo en desarrollar algo que les permitiera superar este problema operativo.

Cabe destacar que Carlos, de formación, es ingeniero *frontend*, por lo que tenía experiencia previa desarrollando código; sin embargo, no tenía sentido tirar todo para empezar de cero, puesto que no tenía el equipo necesario para sostener y mantener este desarrollo una vez hecho.

Ahí entra en juego Strapi, una herramienta que te permite construir un *backend*, el lugar en el que se centralizan todos los datos de los clientes de Edify, y que los devuelve en un formato conocido como JSON, que después en Webflow se podrían «pintar» y dar estilos para que se vieran de la forma correcta. Combinando de esta manera toda la flexibilidad y potencia de código con la velocidad y sencillez de tener una herramienta que proporciona una interfaz visual.

Hacia el mundo Low-code

Esto es lo que se conoce como Low-code, un paso más cerca del desarrollo tradicional que combina la flexibilidad del código con una gestión mucho más sencilla de la herramienta, ya que se encarga de muchos aspectos de manera automática sin que tú como usuario final tengas que preocuparte. Cosas como la seguridad, el mantenimiento o la escalabilidad son preocupaciones de la herramienta y no tuyas.

Y es aquí donde encontramos un punto interesante, que sin duda creo que es la combinación de la flexibilidad y rapidez del No-code con toda la potencia que nos ofrece un desarrollo tradicional.

De esta manera, gracias a este desarrollo que aproximadamente les llevó tres días, pudieron suplir la parte más compleja de la gestión del cliente que vivía en Webflow por un desarrollo en *Low-code* que permitiera continuar escalando. Con un pequeño gestor de tareas construido en código eran capaces de mostrar el estado actual de la reforma en tiempo real sin tener que hacer malabares con Webflow y sus colecciones.

Es cierto que es necesario tener cierto *background* en código, en este caso el de Carlos y el de uno de los primeros perfiles que contrataron que desarrollaba en React, pero cada vez, con la llegada de nuevas tecnologías como OpenAI, esto puede ser menos necesario.

Así que con este desarrollo, el equipo de reformas podía tener mucho más control del estado de la reforma, y al ser a medida se pudieron implementar nuevas funcionalidades que dieran valor al cliente, como avisar cuando una tarea se estaba completando, ofreciendo una mejor experiencia en general.

Lo interesante de este desarrollo es que, gracias, a ser un producto pensado específicamente para ser un *backend* como es Strapi, se pueden hacer cosas más robustas, como empezar a hacer automatizaciones un poco más complejas. Todo sin tener que invertir en desarrollar un *backend* en código desde cero, cosa que requeriría de mucho tiempo y un equipo técnico. Y precisamente las personas técnicas no son fáciles de encontrar, sumado a que tienen un coste muy elevado para formar parte del equipo, además de la poca flexibilidad que aporta un desarrollo en código en comparación con estas herramientas como Strapi.

Camino hacia la venta

Por resumir una historia muy larga, el equipo de Edify continuó creciendo y creciendo, encontrando y explorando el mercado de cuáles eran sus clientes. Por el camino fueron aprendiendo e iterando el producto con la misma rapidez de desarrollo gracias a seguir esta filosofía que les había llevado hasta aquí, con el objetivo final de construir un producto que estuviera completamente desarrollado en código.

Al final hay muchas ocasiones en las que el desarrollo tradicional es una mejor elección que el desarrollo en tecnologías No-code, principalmente cuando tienes un mercado que sabes que existe, conoces a tu cliente y sabes cuál es la manera de entregarle valor. Cuanta mayor incertidumbre tengas sobre estos tres factores, más valor vas a obtener del No-code y del Low-code, ya que te va a permitir ser mucho más rápido a la hora de iterar y hacer cambios. Cuanta menos incertidumbre tengas, mejor va a ser para ti un desarrollo tradicional, ya que te aportará una mayor flexibilidad, robustez y escalabilidad, a costa de tener que mantener un equipo de desarrolladores y mantener el código que se ha ido generando.

Finalmente, en febrero de 2023, Edify fue adquirido por Idealista, pasando a formar Carlos y su equipo parte del equipo de producto de Idealista y entrando Carlos como *head of product* de Inmovilia, un apartado de Idealista.

¿Qué puedo aprender de la historia de Edify?

Sin duda, la historia de Edify es uno de los mayores exponentes del modelo *lean startup* y del aporte del No-code a la hora de construir un producto para validar lo más rápido posible.

Gracias a esta mentalidad, Carlos y su equipo fueron capaces de validar que había un mercado que tenía un problema sin resolver y consiguieron generar la confianza y la experiencia suficientemente buenas como para que decenas de clientes confiaran en ellos. Además, fueron capaces de explotar los límites del No-code e incorporar tecnología Low-code para continuar escalando el producto cuando la base que tenían construida no fuera suficiente.

Y este es precisamente el mayor aprendizaje que creo que se puede extraer de esta historia. El No-code es maravilloso en fases iniciales, pero quizá en algún momento, dependiendo del *stack* de herramientas que utilices, se quede corto. Aunque eso no significa que tengas que tirar abajo todo lo que has montado y empezar de cero, sino que podrás, con un poco de código y conocimiento

técnico que puede que tengas en tu equipo o subcontrates, ir añadiendo capas de código personalizado sobre tu herramienta para
garantizar la escalabilidad del proyecto. El límite de lo que se puede
llegar a construir con este enfoque es realmente lejano, pudiendo
llevarte perfectamente desde la validación inicial del proyecto hasta
facturar varios millones de euros y tener un equipo bastante grande
a tu cargo.

Cuando me hablan de que el No-code no escala, mi primer ins-
tinto es referirme a este caso, que si bien no es aplicable a todos los
casos ni a todas las historias, es un maravilloso ejemplo de que cómo
con ganas, creatividad y talento se pueden construir proyectos realmente increíbles con muy muy poco código.

8. celiAC plAN

Aunque el No-code pueda servir para construir proyectos destinados a facturar miles de euros, o ayudar a grandes compañías a automatizar sus procesos y quizá esas sean las historias que más resuenan, la realidad es que hay cientos de personas que tienen ideas que nacen de problemas que se encuentran en su día a día y que deciden construir algo, primero para ayudarse a sí mismas, y, una vez que lo hacen, compartirlo con el resto del mundo.

Ese es el caso de Samuel Andreo y celiAC plAN, un proyecto que nace de una necesidad muy personal con el objetivo de ayudar a las personas que tienen celiaquía, y es un gran ejemplo de cómo cualquier persona puede —con un poco de cariño— lanzar un proyecto que ayude a mucha gente que tenga un problema similar.

La pandemia y la celiaquía

Remontémonos al año 2020, en medio de la pandemia encerrados en casa. Samuel y su pareja tenían una niña que justo en esa época cumplía dos años. Todo iba bien hasta que por esa época, aproximadamente en mayo, empezó a encontrarse floja, sin ganas de comer y muy apática, cosa que hasta entonces no había sido; siempre había sido una niña muy alegre y, de repente, cambió su personalidad.

En medio de la pandemia, lo que hubiera sido una visita rutinaria al centro de salud se volvió realmente complicado; sin embargo, tras saber que la niña estaba además perdiendo peso, el pediatra aceptó atenderla de manera presencial.

En ese momento, le hicieron pruebas, con la sospecha de que pudiera ser celíaca. Y efectivamente, el análisis de sangre lo confirmó. No le dieron demasiada importancia en ese momento, pensando que simplemente con eliminar el gluten de su dieta se solucionaría el problema.

Sin embargo, tras profundizar en el tema y hablar con otros médicos, descubrieron todo el universo de cosas que tenían que ser diferentes a partir de ese momento; no es solo eliminar el gluten y ya está, sino que es necesario preocuparse de la contaminación cruzada, trazas, cuando cocinas, almacenas los alimentos, los manipulas…

Y claro, cuando te enfrentas a todo esto por primera vez puede ser un poco abrumador, ya que supone tener que aprender cuáles son las cosas que tenían que cambiar para normalizar esta vida sin gluten. Porque no es solo cuidar la alimentación en casa, sino encontrar restaurantes a los que se puede ir, concienciar a amigos y familiares, y tener que sumergirse en un mundo sobre el que hay poca información y no el apoyo necesario para gestionarlo de una manera efectiva.

Se suma a esto que Samuel llevaba un tiempo descontento en su trabajo, con ganas de explorar nuevas opciones, por lo que decidió montar algo propio que le sirviera primero como manera de investigar y profundizar en el mundo de la celiaquía, pero también para montar un proyecto que le diera una motivación extra en su día a día.

El nacimiento de una comunidad para celíacos: celiAC plAN

En ese momento, Samuel descubrió una herramienta nueva a través de Elena Madrigal: Notion. Mientras iba recopilando toda esta información y haciendo esa investigación por su cuenta, la fue almacenando, organizando y recogiendo en un documento de Notion.

De esta manera, en vez de tener la información dispersa en muchos lugares, tanto físicos como digitales, quedaba todo centralizado en un único lugar en el que podría reunir todos los recursos que fueran de interés.

Es ahí cuando descubre que es posible a través de otra herramienta, llamada Super.so, convertir esa base de documentos y conocimiento que le habían ayudado en su investigación en un repositorio público que pudiera compartir con el mundo y ayudar a más gente que se encontrara en su situación.

Con toda esta investigación, Samuel había construido todo un centro de conocimiento en el que podías encontrar desde recetas sin gluten fáciles de hacer a información sobre la enfermedad, una base de datos de restaurantes, un pequeño blog en el que profundizar en la celiaquía, etc.

Son pequeñas cosas a las que quizá no les demos importancia en el día a día, pero que para una persona que es celíaca son realmente importantes, cosas como no utilizar el ventilador en el horno o separar las tablas en las que se cortan los alimentos para no contaminarlos.

Pero sin duda, lo más importante que construyeron fue una base de datos de negocios aptos para celíacos, desde restaurantes a tiendas que vendieran alimentos aptos para celíacos. Para visualizarlo de una manera que sea fácil, construyeron un mapa de Google Maps en el que reflejar mediante chinchetas la localización de cada uno de estos restaurantes.

Esto te permite, estés donde estés, gracias a celiAC plAN, localizar negocios aptos para celíacos.

Notion como herramienta central

Notion es ese punto central de todo lo que sucede dentro de celiAC plAN, especialmente todo lo que hemos visto de puertas para fuera, con la web, el formulario integrado, el mapa, etc., pero la gran ventaja de esta herramienta es que le permite a Samuel tener toda la información del proyecto en un único lugar.

El objetivo de la web es principalmente servir de punto de encuentro de la comunidad celíaca, para lo que construyeron una *newsletter* en la que poder apuntarte y recibir más consejos, trucos y novedades que sirvan para ayudar a estas personas. Para ello, construyó un formulario con Tally.so en el que pudieran recopilar los *emails* de las personas interesadas en recibirla.

La gran ventaja es que resulta realmente sencillo integrarse con Notion para que el formulario parezca que es nativo de Notion —cosa que hoy día no se puede hacer—, así como la posibilidad de ir guardando los correos de todas las personas que se apuntan a la *newsletter* mediante una integración entre Tally y una base de datos de Notion. Esto le sirve para filtrar y organizar las personas que forman parte de la comunidad, para hacer comunicaciones, envíos de promociones, etcétera.

Para hacer estos envíos utilizó Substack como herramienta de envío de *newsletters*, que sincroniza un poco «a mano» —ya que Substack no ofrece la posibilidad de integrarse directamente con Notion—, en la que cuenta con más de 1200 personas que ha ido captando a través de este formulario en su página web.

No solo para partes más operativas y funcionales del proyecto sirve Notion, sino que también cuenta con un calendario en el que ir organizando, programando y planificando el contenido que van publicando en redes de manera constante. De esta forma se pueden tener localizadas todas las publicaciones tanto de Instagram como X y Facebook en un mismo lugar y organizar el trabajo que conlleva el proyecto.

Los intentos de monetizar el proyecto

La idea inicial era que de un proyecto sin ánimo de lucro. Al final era compartir todo lo que estaban aprendiendo para ayudar a todas las personas que estuvieran en la misma situación en la que se habían encontrado ellos.

Pero al final, si es un proyecto por el que Samuel deja el trabajo y al que le ha dedicado cientos de horas, tiene sentido empezar a ver esto recompensado de alguna manera que haga que sea sostenible.

Y es que, por mucho que tengas pasión por algo, si ese proyecto te va a requerir mucho tiempo de tu vida, es necesario que esa inverión tenga un retorno económico.

Por eso, entre los planes futuros de Samuel estaba el encontrar esa manera de generar ingresos que podía ser de múltiples maneras, o bien con servicios para restaurantes para adaptarse a personas celíacas, o bien con acuerdos de marcas, promociones, cursos, etc.

Y aunque me encantaría contarte que el proyecto salió increíblemente bien y que encontraron una manera de llegar a muchísima gente y facturar muchísimo dinero, la realidad es que hoy día el proyecto está parado precisamente por no encontrar esa forma de monetizarlo que justifique la inversión de tiempo y esfuerzo que implica algo de esta magnitud.

Sin embargo, es un proyecto que demuestra que, incluso cuando no tienes ningún conocimiento de lo digital, puedes acabar construyendo algo que ayude a miles de personas, aunque no se acabe convirtiendo en tu actividad principal.

Qué puedo aprender de celiAC plAN

Si lo piensas bien, esta situación de Samuel te podría pasar perfectamente a ti, o a alguien cercano. Te encuentras un problema en tu vida e intentas buscar toda la información posible para poder adaptarte a ella. En este caso es algo que realmente modifica tu manera de vivir —aunque es perfectamente compatible con una vida normal—, pero puede ser que descubras un nuevo *hobby* y de repente empieces a consumir todo el contenido que puedas sobre él.

La diferencia es que en este caso, Samuel decidió dar un paso más allá y exponer todo lo que había recopilado, de una manera organizada, en internet y descubrió que había miles de personas de toda España que se encontraban con el mismo problema y que tampoco encontraban esos recursos que les ayudaran.

Para ello no se complicó la vida aprendiendo a programar, ni buscando una herramienta para hacer la página web perfecta, sino que buscó cómo convertir esa información que ya había recopilado en Notion en algo que pudiera compartir, encontrando por el camino los cursos de Elena, que le ayudaron a implementarlo.

Y este creo que es un gran ejemplo de cómo el No-code ayuda a proyectos a nacer, haciendo que sea realmente sencillo compartir el conocimiento que cada uno de nosotros tenemos y reduciendo enormemente la barrera de entrada de lanzar algo al mundo.

Y el 100 % de las veces que lo haces estás ganando muchísimo. Puede que no sea rentable, o que no llegue a generar ingresos, pero el camino y el aprendizaje es algo que vale muchísimo. Especialmente gratificante es si ese pequeño proyecto es capaz de ayudar a gente que nunca has visto en tu vida al otro lado del mundo.

Puede que no haya salido espectacularmente bien el proyecto de Samuel a nivel económico, pero sin duda es un proyecto del que estar realmente orgulloso y que no podía faltar en este libro.

9. Manfred y *La Bonilista*

Podemos pensar que esto del No-code solo aplica a la gente que no sabemos programar. Pero ¿y si te dijera que un ingeniero informático, tech lead y CTO de varias empresas decidió montar su proyecto en Telegram y Airtable en vez de programar todo desde cero en código?

Y si, además, te contara que ese proyecto llegó a crecer hasta ser más de 40 personas y acabar vendiéndose a la consultora SNGULAR, probablemente no me creerías.

Vamos a ello.

Todo empieza con una *newsletter*: *La Bonilista*

Por si no conoces a David, es una de esas personas que hay que tener en el radar, no solo por su trayectoria a nivel profesional, sino por su calidad humana y su manera particular de hacer las cosas.

Ingeniero informático y «gallego nacido en Madrid», empezó a trabajar como desarrollador hasta llegar a ser CTO de una gran empresa (el grupo VARMA) y después pasar al mundo de las *startups* como evangelista técnico de Atlassian. De ahí, dio el salto al mundo del emprendimiento, fundando Otogami primero y convirtiéndose después en CEO de la canadiense Comalatech.

Por si fuera poco, en sus ratos libres comparte sus reflexiones y pensamientos en su *newsletter* semanal, llamada *La Bonilista*, un formato que —cuando él empezó, allá por 2011— era totalmente de nicho.

Puede que ahora parezca normal recibir de manera periódica un email de una persona, pero hace diez años, parecía algo reservado para las empresas. Aún es menos común que alguien tenga la constancia de escribir una edición cada semana —sin excepción— hasta hoy.

Por eso es una de las *newsletters* más grandes de España, con más de 18 000 suscriptores que leemos fielmente las reflexiones de David o de alguno de los autores invitados.

Tan grande es que ha generado su propia comunidad de personas que comparten afinidad no solo por la tecnología, también por una cierta manera de entenderla. Cada año se reúnen de manera física en un evento de más de 1000 personas llamada la TRGCON, cariñosamente conocida como «la Tarugoconf».

Poco a poco ese *hobby* se acabó convirtiendo en algo más importante, generando ingresos mediante patrocinios, con los que empresas y marcas podían anunciar sus productos y servicios a la audiencia de *La Bonilista*, pero siempre con la supervisión y el toque «diferente» de David.

No todos los proyectos necesitan herramientas complejas

Y podríamos acabar el capítulo únicamente con esta historia, porque lo que te he contado es una historia de éxito en sí misma. La única tecnología para montar este proyecto es Mailchimp, que permite gestionar la lista de suscriptores y enviar un email cada semana.

Es cierto que con el tiempo, la plantilla HTML de *La Bonilista* ha evolucionado hasta convertirse en una de las más sofisticadas que pueden llegar a tu bandeja de correo, pero nada de eso es necesario para empezar un proyecto. La *newsletter* de David utilizó plantillas predefinidas durante muchos años.

Un poco (mucho) de constancia y ganas de aportar valor con lo que haces, suele ser una buena receta para conseguir un proyecto exitoso, sin que tenga que ser un SaaS, una *app* o ni si quiera una web.

Dicho esto, volvamos a cómo nace Manfred.

Una oportunidad: Encontrar talento *tech*

Los profesionales que se dedican a la tecnología tienen la suerte de que hay mucha demanda de perfiles técnicos y las empresas tienen verdaderos problemas para encontrar el talento que necesitan para seguir creciendo.

Por eso *La Bonilista* se convirtió en un punto de encuentro ideal para buscar candidatos. Al final, la mayoría de las personas que están suscritas a esta *newsletter* pertenecen al sector informático, ya sea en la parte más técnica o en otras áreas.

Y por eso muchas de esas marcas que la patrocinaban aprovechaban la oportunidad no para vender, sino para captar talento. Tal fue la demanda que David se encontraba con patrocinios reservados con meses de antelación por empresas tecnológicas para poner ofertas de empleo con las que buscar candidatos.

Es entonces cuando surge una idea. ¿Cómo puedo ayudar a mi comunidad a encontrar mejores trabajos y a mis patrocinadores a encontrar más rápido talento?

Así que David se decidió a construir algo que permitiera poner las ofertas (curadas) para hacérselas llegar a su comunidad.

Y aquí es donde la historia da su primer giro.

Lo normal, siendo alguien técnico, es que para construir la primera versión y validar —lo que se conoce como MVP— decidas construir algo en código. Usas tu tecnología favorita y te pones, que probablemente sea lo que tenga más sentido.

El problema es que cuando te pones a escribir código nunca son tan sencillas y el tiempo hasta que tienes esa primera versión construida se acaba alargando —a veces hasta haciendo que nunca llegues a lanzar y se quede el proyecto en el cajón—.

La idea era publicar ofertas de trabajo curadas, en las que se tuvieran las condiciones de una manera transparente, incluyendo la banda salarial de la oferta, cada día.

El giro del proyecto era que estas ofertas solo estarían activas 24 horas. Por lo que todos los días tendrías que entrar a ver si había nuevas ofertas y si querías aplicar a una no te lo podías pensar demasiado, ya que el mensaje desaparecería.

Es ahí donde nuestra historia termina de dar ese giro.

Cuando estaba a punto de empezar a programar, en una conversación con su amigo Javi Santana, David se da cuenta de que no tiene por qué construir todo de cero cuando podría empezar a llegar a la gente con un simple canal de Telegram.

Por si no la conoces, Telegram es una herramienta muy similar a WhatsApp que te permite tener un canal en el que publicar lo que consideres, pero con más posibilidades de automatización y, sobre todo, de privacidad para los suscriptores de un canal.

Es ahí donde se decide a crear el canal de *Manfred Daily*, un canal en el que cada día recibías un mensaje con cuatro ofertas de empleo —todas con salario público— que se borraban al día siguiente para ser reemplazadas por otras cuatro.

David lo lanza apoyado en la comunidad de su *newsletter*. El canal crece tanto que decide crear una empresa de *recruiting* que le permita ayudar a unos y a otros a lo largo de todos los procesos y… el proyecto se va de las manos. En la primera semana después de hacerlo público recibió tantos correos de gente y empresas interesadas que tardó más de seis meses en conseguir contestarlos todos.

Sobreviviendo sin morir de éxito y el principio de Airtable

Para gestionar todo ese interés en Manfred, era necesario montar algo más sofisticado que el trabajo a mano, algo que le permitiera gestionar todas las personas que estaban aplicando y poder tener una base de datos de candidatos que fuera suficientemente útil como para poder filtrar y buscar en función de las necesidades de la oferta…, pero no tenía tiempo para ponerse a programar.

Es ahí donde entra en juego Airtable. Por si tampoco la conoces, podríamos describirla como un «Excel con superpoderes». Te permite estructurar mejor la información y hacer cosas más complejas de una manera absurdamente sencilla.

Para gestionar esa marea de candidatos, David fichó a Yago Cousiño, que se encargó de montar la primera versión de la base de Airtable, mientras David se encargaba de gestionar el otro extremo del *marketplace* que es el mercado de talento: las empresas. Implementó Pipedrive —un CRM, en teoría limitado a gestionar procesos comerciales— y lo configuró para que además les sirviera para gestionar procesos de selección.

Poco a poco fueron añadiendo funcionalidades, a la vez que trataban de sobrevivir ante la demanda tan grande que tenían. La idea de montar algo de tecnología seguía estando en su cabeza, sin embargo, no tenían el tiempo suficiente como para pararse a construirlo.

Cuando encuentras una necesidad en el mercado y ves que hay agua en la piscina, es el momento de apurar y tratar de resolverle el problema a tus usuarios de la mejor manera posible.

Y pararse 3 o 6 meses a construir una plataforma hecha en código no es la mejor manera de resolver el problema. Por eso, poco a poco, fueron juntando herramientas como si fueran piezas de Lego para resolver sus necesidades:

• Utilizaron Typeform para tener un formulario de entrada de datos con una mejor experiencia para los usuarios.
• Emplearon Zapier para automatizar procesos.
• Stripe para el cobro por tarjeta.
• Trello para gestionar proyectos.
• Empezaron a automatizar correos en función de los distintos estados de un proceso de selección usando Acumbamail.

Y así, con todo.

Poco a poco, la empresa continuaba creciendo, la demanda no paraba y empezaron a ofrecer el servicio de búsqueda de candidatos a empresas.

Y resultó que era una necesidad real y que eran capaces de solucionarla. Por lo que llegó el momento de continuar escalando.

Escalando la compañía y escalando Airtable

Una de las cosas que se dicen con más frecuencia del No-code es que no escala.

Y, sin embargo, lo más difícil de escalar una compañía rara vez es la tecnología, sino la gestión de las personas que conforman el equipo que da vida al proyecto.

Este fue exactamente el caso de Manfred.

Conforme los clientes iban llegando, las necesidades operativas empezaban a aumentar y el número de personas que estaban en el equipo continuaba creciendo, Airtable continuaba siendo el motor de funcionamiento de la compañía.

Poco a poco se iban haciendo pequeños desarrollos y añadiendo funcionalidades sobre la base de Airtable, que era el centro del negocio.

Y es que una de las grandes ventajas que tiene el No-code es que dispones de una capacidad de adaptación prácticamente infinita.

A diferencia del desarrollo tradicional en el que tienes que dimensionar servidores, estar preparado para situaciones en las que tengas picos de peticiones y tráfico, todo esto está gestionado por Airtable por aproximadamente 20 \$/mes por usuario.

Y puede parecer caro —y ¡sin duda es mucho dinero!—, pero cuando esta herramienta es parte integral de tu compañía, lo que permite que puedas ofrecer un excelente servicio a tus clientes y por consiguiente conseguir que su satisfacción sea elevada, el coste pasa a un segundo plano.

Es así como Manfred continuó creciendo, consiguiendo más y más clientes, creciendo en equipo y facturando cada vez más.

Y es en ese momento cuando llega el segundo giro en esta historia.

Manfred se integra en SNGULAR para continuar escalando

En un momento dado, la consultora tecnológica SNGULAR se interesó en el proyecto. Ofrecen a David que se integre en el grupo para contar con más recursos que le permitan llegar más lejos en su objetivo de hacer el *recruiting* técnico más humano. Acaban adquiriendo la empresa a comienzos de 2020… justo cuando estalla la pandemia mundial conocida como COVID-19.

Hasta ese momento, la única tecnología realmente desarrollada era la base de datos de Airtable y las automatizaciones que corrían por detrás para que funcionara el sistema. No dio tiempo a construir esa versión en código en ningún momento.

La compañía se vendió ANTES porque creó valor ANTES.

Hoy, continúa siendo una empresa que sigue aportando valor a sus clientes, con un equipo de más de 40 personas y, ahora sí, después de toda esta aventura, que empieza a desarrollar su propia tecnología para mejorar aquellas cosas en las que Airtable comienza a quedarse corto.

Sin embargo, en el momento de escribir este libro, en el mes de junio de 2025, Airtable sigue siendo una herramienta utilizada dentro de Manfred para ayudar a encontrar candidatos, con una base de conocimiento enorme que sigue siendo útil para el día a día de la compañía.

Lo que podemos aprender de Manfred

Si podemos sacar una conclusión de esta historia es que muchas veces nos obsesionamos con la tecnología. Creemos que tenemos que inventar la rueda cada vez que empezamos un proyecto y que lo único que crea valor dentro de una empresa es su tecnología.

Sin embargo, si adoptamos una visión más humanista de las empresas, la tecnología pasa a un segundo plano, siendo lo más relevante su equipo humano, su liderazgo y su manera de satisfacer una necesidad en el mercado.

Y esto es algo que Manfred ha sabido resolver realmente bien, encontrando una necesidad en el mercado, construyendo la mínima tecnología posible, lo más rápido posible y centrándose en aportar el mayor valor posible al usuario.

Escucho a muchos fundadores de empresas preguntarse por lo que pasará cuando estas crezcan. ¿Me seguirá valiendo lo que construya?

Y la realidad es que el mundo de la empresa es impredecible, que nunca puedes saber por qué camino continuará la trayectoria del proyecto que empiezas sin demasiada pretensión y que no siempre es necesario construir tecnología desde cero.

Aunque podamos, no significa que debamos.

10. Cómo Ontruck ahorró 10 000 euros al mes con No-code

Hasta ahora hemos hablado únicamente de proyectos que nacen con No-code o adoptan el No-code como parte de su filosofía de trabajo. Sin embargo, hay una gran oportunidad donde el impacto de estas tecnologías puede ser exponencial, que es la automatización de procesos dentro de compañías, especialmente cuando son grandes empresas o cuando tienen un gran crecimiento.

Ese es exactamente el caso de Ontruck, una de las *startups* (¡ahora ya *scaleup*!) más relevantes de España y la historia de cómo combinando herramientas No-code fueron capaces de ahorrar decenas de miles de euros.

Fuente: https://nerds.ontruck.com/how-we-have-used-no-code-tools-to-save-10k-month-b7999ce3b8ad
https://www.genbeta.com/a-fondo/asi-es-ontruck-la-startup-espanola-que-quiere-competir-con-uber-y-amazon-en-el-transporte-de-mercancias

Ontruck, transportando mercancía de una manera más eficiente

El transporte de mercancías por carretera en camiones es uno de los grandes motores de la economía, que permite que los pedidos que hacemos lleguen a tiempo, que las compañías reciban su stock en tiempo y forma y una gran parte de lo que hace posible que el mundo funcione como lo hace.

La profesión de transportista requiere mucha dedicación y es difícil encontrar un trabajo estable y con buenas condiciones, y hay muchos transportistas que disponen de tiempo y recursos libres que podrían optimizar y aprovechar más para ganar más dinero.

Por otro lado, la mayoría de las pymes no tienen acceso al volumen suficiente de transporte como para tener tarifas optimizadas, ya que este es un negocio de volumen, de optimización de precios y de rutas. Esto es especialmente cierto cuando hay que mover mercancía en palés, que hace necesario pedir bastantes presupuestos para un mismo envío y que supone un sobrecoste debido a toda la logística de la propia empresa de transportes, que con un transportista autónomo podrías evitarte.

Así que en 2018 nace Ontruck con la intención de convertirse en el Uber del transporte de mercancías, poniendo a estas pymes en contacto con transportistas autónomos que tengan disponibilidad para hacer el trayecto.

Las compañías se registran en su plataforma, introduciendo las dimensiones y características del envío, y su plataforma genera automáticamente un precio que tiene en cuenta varios factores para ofrecer el mejor posible. Después, envía una alerta a todos los camioneros que se encuentren en la zona del trayecto y que estén disponibles, ofreciendo las especificaciones del pedido, el importe del trayecto y lo que ganan. El primer transportista que acepte se lleva el pedido.

Vamos, exactamente igual que pedir un Uber que te lleve desde Chamartín hasta el centro de Madrid, pero aplicado a transporte de mercancía.

Déjame, que ya lo hago yo a mano

Tras levantar varias rondas, la empresa se encontraba en un momento de hipercrecimiento, en el que captaban a los transportistas a un ritmo realmente elevado para satisfacer la demanda de envíos.

Cuando te encuentras en una situación que exige tanta agilidad, lo normal es que haya muchos procesos que no dé tiempo a optimizar. Los recursos de desarrollo dentro de la compañía, especialmente cuando es de base tecnológica como es Ontruck, son escasos, y es necesario priorizar hacia dónde pones los esfuerzos del desarrollo.

Esto hace que muchos procesos que son clave dentro del funcionamiento del producto pero no son urgentes acaben siendo despriorizados o delegados otras compañías.

Este es el caso del proceso de dar de alta a un transportista nuevo. Debido a razones legales, que cambian en función del país en el que operan, es necesario tener documentos como el permiso de conducción, el seguro en vigor, etc.

Como es una tarea que no aporta valor a los transportistas, pero supone una experiencia lejos de lo ideal tardar tiempo en recibir la aprobación, decidieron delegarlo en un proveedor externo.

Al principio, la solución funcionaba, sin embargo, con el hipercrecimiento de la empresa, acabaron pagando aproximadamente 10 000 euros al mes por este servicio de recogida ,y procesado de documentación.

Es ahí cuando Isa Gárate y su equipo, como product manager, dedicaron unas horas a construir un MVP (producto mínimo viable) de una solución interna que les permitiera hacer lo mismo sin tener que delegar en el equipo externalizado.

Construyendo un MVP con No-code

El problema al que se enfrentaban era poder completar el proceso de registro y subida de documentación de los nuevos clientes que se apuntaran a Ontruck. Y la herramienta que estaban utilizando para el seguimiento y el envío de eventos a los usuarios se llama customer.io, que te permite detectar cuando un usuario se registra en la página web y todos los parámetros, como el tipo de cliente, el país desde el que se inscribe, etc.

A partir de ahí, es capaz de detectar y desencadenar ciertas acciones, principalmente *emails*, que hacen llegar a los transportistas para ayudarles en el proceso de *onboarding*.

Cabe destacar que en este caso utilizaron esta herramienta, pero es muy probable que en tu empresa o proyecto cuentes con una herramienta similar como Mailchimp, ActiveCampaign o parecidas.

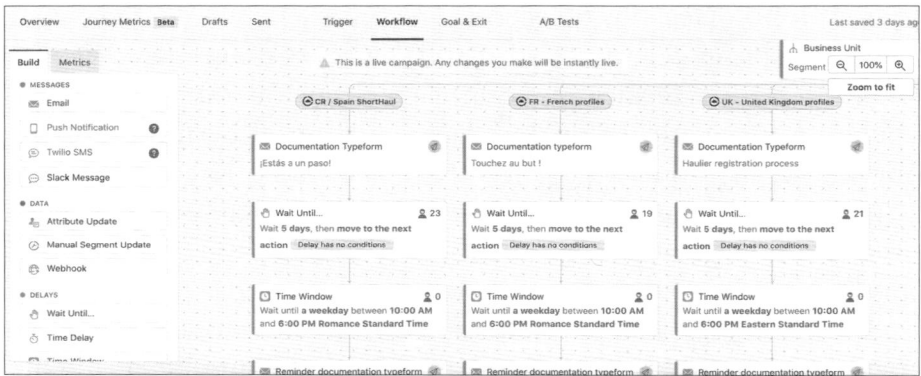

Recopilando la información de los transportistas con Typeform

Después era necesario recopilar la información de estos transportistas, como el permiso de conducir, DNI, etc. Con la complicación añadida de que los requisitos varían según el país.

Programar estos formularios es algo que puede parecer sencillo, pero con el tiempo acabas aprendiendo que los formularios tienen más complejidad de la que parece para hacer algo realmente fácil de rellenar por parte de los usuarios. Por eso nacieron herramientas como Typeform, que proporciona una experiencia única y con muy buena usabilidad de cara al usuario, así como una increíble sencillez a la hora de construir este formulario.

Para vincularlo con el usuario, utilizaron una funcionalidad de Typeform que permite enviar información «oculta» al formulario, que el usuario no ve pero que aparece en las respuestas del mismo. Es lo que se conoce como campo oculto. A efectos prácticos, significa que podemos saber qué usuario de nuestra base de datos ha respondido el formulario.

Al final, quedaba algo de este estilo, que enviaba al formulario una vez que el usuario pulsaba en el botón de Attach documents.

To continue the registration process as a haulier, we need you to send the following documents:

- DVSA HCV Operators License (If your vehicle is larger than 3.5T)
- Insurance Policy (covering Hire & Reward)
- Goods in Transit Insurance
- Public Liability Insurance
- Bank Statement showing Acc Number, Sortcode, SWIFT / BIC
- VAT Registration Certificate (If applicable)

You can scan them or make a quality photo in which all the data is correctly displayed.

Through the following link you can attach all the documents:

Attach documents →

Una de las grandes ventajas de hacerlo de esta manera es que utilizas una herramienta que está creada por y para poder enviar formularios, por lo que resuelven muy bien el problema. Cosas como la subida de archivos y su procesado puede ser algo realmente complejo de hacer bien. Además, están continuamente pensando en cómo mejorar la experiencia de rellenar un formulario y aumentar la tasa de usuarios que llegan al final, lo que supone una mayor tasa de conversión.

Automatizando el proceso con Zapier

Una vez que se recibe esta respuesta, el siguiente paso fue vincular-lo utilizando las integraciones nativas que ofrece Typeform con un Google Sheet, en el que se iban añadiendo nuevas filas con toda la información necesaria conforme la gente iba respondiendo. Ade-más, te ofrece la posibilidad de enviar un *email* que notifique al equipo que un usuario ha subido toda la información para poder proceder a revisarla.

Sin embargo, si para tener que revisar cada uno de los transpor-tistas es necesario entrar en Typeform y buscar las respuestas, real-mente no estaríamos ahorrando tiempo. Es ahí donde entra en juego Zapier, que permite conectar entre si las diferentes herra-mientas para crear escenarios complejos que faciliten el trabajo y lo automaticen.

En este caso crearon dos grandes automatizaciones:

- Crear una carpeta en Google Drive con la información del usuario que se acaba de registrar (recuerda que tenemos todos los datos del cliente gracias al campo oculto).
- Subir los documentos que nos ha hecho llegar a través del formulario a la carpeta, renombrándolos de la manera ade-cuada para que todos tengan una uniformidad y sea más fácil identificarlos.

Esto fue necesario crearlo por cada uno de los países en los que trabajaban, ya que es un formulario diferente y es necesario aplicar una lógica de negocio diferente en función del caso.

¿Cómo cambió el proceso?

El resultado final es que no necesitaron ya contar con ese proveedor externo, ni tener que estar constantemente pendiente de los proce-sos de alta, ya que cada vez que un transportista cumplimente el formulario, recibirán una alerta que les permita procesarlo a la mayor rapidez posible, o buscar un hueco a la semana para revisar todos los formularios que se rellenaron los días anteriores.

Donde realmente reside la potencia de este proceso es en que las tareas a automatizar son realmente sencillas y que seguro que tú has hecho alguna vez. Cosas como descargarte un archivo y subirlo a una carpeta o enviar un *email* puede parecer que no llevan nada y que ya lo harás a mano, pero con el volumen suficiente pueden convertirse en un gran consumidor de tiempo y de dinero.

Y lo mejor de todo ello es que no les llevó más de un día configurar esta automatización, que está constantemente trabajando 24/7, recibiendo la información y ayudando a las operaciones de Ontruck.

¿Qué puedo aprender de Ontruck?

Sin duda, uno de los grandes aprendizajes de esta historia es que muchas veces tenemos oportunidades de ahorrar tiempo en nuestras empresas o proyectos a nuestro alcance.

Simplemente requiere ponerse a pensar en cómo podrías automatizar tareas de esa parte del proceso, pero el día a día te puede comer sin que hayas sacado un tiempo para ponerte a reflexionar y encontrar estas oportunidades de tareas manuales potencialmente automatizables.

Por eso te recomendaría que dedicaras una hora a la semana o al mes para reflexionar sobre tu día a día y entender cuáles son las tareas que haces en tu semana que te quitan tiempo y que realmente no aportan valor. Esas son las mejores candidatas para automatizar y ahorrar tiempo.

Evidentemente, no todos vamos a tener un volumen que nos ahorre esos 10 000 euros de Ontruck al mes, pero si calculas lo que cuesta el tiempo invertido en estas tareas manuales, el importe empieza a sumar muy rápidamente.

Además, una de las cosas que más me gustan es que el equipo de Isa no tuvo miedo a meterse de lleno en el proceso y empezaron a automatizarlo con sus propios medios, en lugar de hacer la petición a tecnología y esperar a que te puedan dedicar recursos, cosa que puede que nunca llegue a suceder.

Esta mentalidad creo que es algo obligatorio en todos los *product managers*, que se pueden beneficiar increíblemente de tener una mentalidad hacker que les permita saltarse sus limitaciones gracias a estas herramientas y encontrar soluciones a sus problemas sin tener que depender de programadores.

11. Minimalism

Hasta ahora hemos visto casos centrados en el desarrollo de MVP, *startups* y desarrollos bastante tecnológicos. Pero hay un gran mercado en el que el No-code es algo realmente asentado y que permite construir negocios rentables que lleguen a miles de clientes sin tener que escribir código: el mundo del *e-commerce*.

Y es que hace unos diez o quince años, montar una tienda *online* era algo realmente complejo. Hoy en día cualquier persona con acceso a internet y 29 euros al mes, puede tener una tecnología al alcance de su mano, como es Shopify, que realmente sirve para *e-commerces* que facturan desde cientos de euros a otros que facturan millones.

Vamos a poner el foco en una de ellas, con la que comparto una serie de valores muy característicos y una manera diferente de hacer las cosas. Descubriremos la historia de Pepe Martín y Víctor Rodado fundando Minimalism Brand.

Al principio, todo eran carteras

Minimalism nace prácticamente como un juego. Pepe llevaba unos años trabajando como *freelance*, principalmente en el sector del *e-commerce*, gestionando las tiendas *online* de sus clientes y ganando experiencia en el proceso. Es ahí cuando la casualidad lleva a que se junte con Víctor Rodado, un emprendedor que llevaba unos cuantos proyectos a sus espaldas, desde los diecisiete años que empezó el primero.

Ambas son personas realmente inquietas y con ganas de «hacer cosas», lo que lo condujo a un día encontrar unas carteras minimalistas para principalmente para tarjetas de crédito y algo de efectivo, y que ocupan muy poco espacio y son muy cómodas de llevar en los bolsillos.

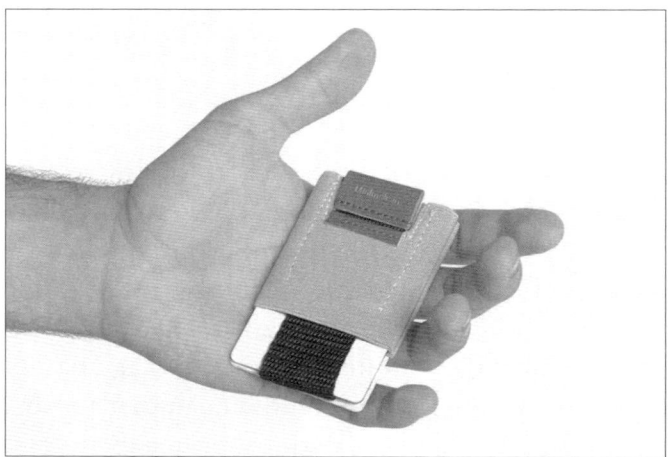

Con esas ganas de hacer cosas, deciden realizar un experimento y probar a vender estas carteras bajo una marca, momento en el cual nace el nombre de Minimalism, aprovechando que entonces el movimiento minimalista estaba en auge y parecía que había un cierto mercado potencial para estos productos.

Hicieron un primer pedido de 300 carteras, en las que invirtieron aproximadamente 500 euros cada uno de los socios para comprar el material, y ya estaban listos para empezar a sacarlas al mercado. Para lo cual necesitaban un lugar en el que poder ponerlas a la venta.

Creando un *e-commerce* en Shopify

Crear un *e-commerce* ahora mismo está al alcance de cualquier persona que disponga de una conexión a internet gracias a Shopify.

Y es que esta herramienta podemos decir que es de las grandes impulsoras del movimiento No-code. Cuando en 2006 fue fundada, crear un *e-commerce* era algo realmente complejo, necesitabas equipo técnico para poder montarlo en un Magento o Prestashop, dos herramientas que continúan estando vivas e impulsando miles de negocios, pero que demandan un conocimiento más avanzado y de código para su personalización.

Por eso, cuando llegó Shopify con un enfoque de hacer las cosas realmente sencillas para vender *online*, empezó a crear una gran revolución. De repente no era necesario tener un equipo técnico para construir un *e-commerce*, simplemente utilizas Shopify, pagas una tarifa mensual que empieza siendo realmente atractiva a nivel de precio (desde 29 euros al mes) y te olvidas de toda la complejidad técnica.

Es muy similar a lo que supuso WordPress en el mundo de la creación de webs, ofreciendo una base sólida y robusta a nivel tecnológico, aumentada por la comunidad que crea plantillas y temas para personalizar a nivel visual la página y que expande sus funcionalidades con la implementación de *plugins*, que consiguen que se puedan hacer cosas para las que originalmente la plataforma no estaba pensada.

Con esto en mente y su experiencia gestionando *e-commerce*, decidieron montar la plataforma para vender estas carteras en Shopify, construyendo la tienda en aproximadamente uno o dos días. Aquí evidentemente la experiencia de Pepe de haber construido más de cien páginas web ayudaba bastante a acortar los plazos, pero no es descabellado que un *e-commerce* similar con tres productos y facilidades de pago se pueda construir en estos plazos.

De esta manera, pusieron a la venta la cartera, bajo la marca de Minimalism, con su propio logo por el momento, y las ventas empezaron a ir realmente bien, aprovechando los canales orgánicos e inorgánicos como la publicidad para captar a nuevos clientes que desconocían el producto o la marca.

En el primer año y medio, consiguieron vender 35 000 carteras, momento en el que decidieron apostar más por el proyecto y montar una empresa juntos que representara ese movimiento minimalista, pero que fuera un paso más allá de las carteras.

Hacia los básicos de tu armario

La mayoría de la ropa que usamos en nuestro día a día tiene la marca presente. Algunas veces incluso es lo más destacado de la prenda. Ya sea Nike, Supreme o Patagonia, reconoces que la prenda es de una marca por el logo.

Sin embargo, el equipo de Minimalism tenía claro que lo importante no era mostrar la marca en la ropa, sino apostar por ofrecer productos de muy alta calidad que la gente pudiera vestir sin tener que estar mostrando un logo gigante.

Y te estarás preguntando cómo se crea una marca cuando precisamente es imposible saber que una prenda es de Minimalism.

Pues la respuesta está precisamente en entender bien quién es su consumidor y convencerle de que la ropa que ofrece Minimalism es de calidad. La promesa es que vas a conseguir ropa básica, como camisetas o calzoncillos de una alta calidad, con algodón orgánico y fabricado, o bien en España, o en Portugal.

Por fuera pueden parecer iguales a cualquier otra prenda que encuentres en un H&M o Zara, pero, sin embargo, tras probarlas te das cuenta de que están mejor fabricadas, utilizan mejores materiales y es más que probable que te duren mucho más tiempo. Esto hace que las prendas, aunque sean más caras, a la larga acaben siendo mucho más rentables. El objetivo es ofrecer ese fondo de armario que todos necesitamos. Productos de calidad y que duren.

Era necesario seguir haciendo crecer esta plataforma de *e-commerce* para adaptarse a una mayor complejidad. Y es que realmente no es lo mismo vender un único producto que tener un *e-commerce* que sea capaz de gestionar decenas de productos, con diferentes variantes, y que continúe funcionando igual de bien.

Además, con el mayor volumen de ventas, surgen complicaciones adicionales, como gestionar los envíos, el seguimiento, el soporte de los clientes, etc. Es ahí donde Shopify hace un trabajo excelente con el *marketplace* de *plugins*, pequeñas herramientas que puedes incorporar a tu Shopify para ampliar esa funcionalidad que te ofrece sin tener que desarrollarlo tú desde cero.

Ejemplos de esto son PageFly, que te permite tener un constructor visual para hacer diseños más complejos en tu *e-commerce* sin tener que modificar la plantilla que viene (cosa que necesitaría código) o herramientas para gestionar las *cookies* y cumplir con el RGPD (Reglamento General de Protección de Datos). Hay cientos de *plugins* que puedes añadir a tu Shopify para conseguir exactamente la funcionalidad que buscas.

Añadiendo una personalización más allá de los *plugins*

Sin embargo, hay veces que entre la amplia galería de *plugins* o *apps* que ofrece Shopify no encuentras exactamente la solución que tu negocio necesita. Esto mismo le pasaba al equipo de Minimalism Brand.

En el caso de Minimalism, el principal problema al que se enfrentaban eran los *packs*. En su propuesta de valor, ofrecen la posibilidad de comprar *packs* de 3 o 5 camisetas a un precio reducido, pudiendo escoger, por supuesto, el color o la talla. Como no existe una solución en los *plugins* existentes debido a la complejidad de unir 12 variables de color y 6 de talla, era necesario hacer un pequeño desarrollo que cubriera específicamente esa necesidad. Lo bueno es que esta inversión es de unos pocos miles de euros en la mayoría de los casos y puede llegar a durar años, como es el caso, ya que siguen utilizándolo hoy.

Y es que utilizar estas herramientas como Shopify tiene sus contras, como precisamente esta personalización cuando buscas hacer algo que no es muy común, pero que normalmente pueden ser solventados con un poco de desarrollo, ya sea Low-code o directamente escribiendo código. Esto hace que te puedas centrar al máximo en aportar valor a tu usuario y resolver sus problemas sin tener que preocuparte de la seguridad o el mantenimiento de tu plataforma, reduciendo muchísimo el coste de operación del *e-commerce*.

Una marca referente en el mercado

Sin duda, Minimalism es un ejemplo perfecto de un negocio con valores y principios que resuena con sus clientes precisamente por su manera de hacer las cosas.

Con total transparencia te cuentan los costes de los productos que compras para que veas cuánto beneficio se llevan, te enseñan en vídeo las fábricas donde confeccionan las prendas, te cuentan aquellas cosas en las que la competencia ofrece un mejor producto, etc.

Y eso resuena con mucha gente (¡yo mismo incluido!) que busca ropa de calidad, pero a la que también le preocupa que sea sostenible y que realmente dure en el tiempo, más allá de tirar la ropa.

Hoy en día son un equipo de 6-7 personas y están facturando aproximadamente 800 000 euros. Son un auténtico referente no solo a la hora de ver los resultados, sino de conocer el proceso y su manera de hacer las cosas, que es de lo que sin duda están más orgullosos. Podrían hacer las cosas de otras maneras y quizá vender más, pero es uno de los proyectos en que no importa solo lo que hacen, sino cómo lo hacen.

¿Qué puedo aprender de Minimalism?

Sin duda, la historia de Minimalism demuestra que puedes construir un *e-commerce* que dé servicio a miles de usuarios sin tener un equipo técnico gigante detrás, gracias a herramientas como Shopify.

El decidir utilizar una herramienta que no es perfecta, pero que ofrece una plataforma robusta, segura y escalable para el negocio, es una de las claves que hace que Minimalism esté hoy en día donde está, ya que con un equipo pequeño es imposible tener un desarrollo desde cero que haga las mismas funcionalidades que Shopify.

Piensa que en Shopify hay decenas de personas cuyo único trabajo es pensar en cómo mejorar la experiencia de uso para conseguir que más usuarios paguen, por lo que es muy probable que hagan un mejor trabajo y aumenten tu conversión con respecto a lo que tú puedas estar desarrollando. Además, con las constantes mejoras que va experimentando la plataforma a lo largo de su periodo de maduración, cada vez van implementando más y más funcionalidades que te ayudan a vender más. Al final, es como si tuvieras un equipo de desarrollo mejorando constantemente el producto por un precio ridículo al mes.

Además, la idea de añadir ciertos cachitos de código para expandir las funcionalidades de una herramienta No-code es realmente acertada, ya que puede permitirte estirar los límites de la plataforma para hacer lo que tienes en mente.

Que cualquier persona en el mundo pueda tener un *e-commerce* listo en horas y vender a cualquier parte del mundo a través de internet es una auténtica maravilla. Hace quince años esto sería prácticamente impensable. Ahora está al alcance de todos.

12. Velneo

Aunque podamos pensar que el movimiento No-code es algo innovador —que ciertamente lo es—, hay mucha gente que lleva haciendo intentos por acercar el mundo del desarrollo al territorio de lo visual.

Es el caso de la historia que nos concierne en este capítulo, en la que nos vamos a poner del otro lado de las historias, en el lado de las personas que construyen y desarrollan las herramientas que luego nosotros utilizamos en nuestro día a día.

Y, en particular, hablar de Velneo es hablar de unos de los pioneros en acercar el mundo de la programación a lo visual, pioneros del movimiento Low-code y, por si fuera poco, haciéndolo todo desde España.

Visual Basic y Velázquez

Si pintamos el mundo del desarrollo de aplicaciones empresariales hace treinta o cuarenta años, la foto resultante sería completamente diferente a la que conocemos actualmente. Pantallas verdes, lenguajes poco amigables (como COBOL) o C++. La experiencia de desarrollo podemos decir que no era la más agradable de cara a los usuarios.

Y es que a principios de los años ochenta, la programación estaba llena de trabas:

• No se podía reaprovechar nada hecho.

- No había bases de datos, y mucho menos relacionales. Lo único que existía en aquel momento eran ficheros.
- No había los IDE o entornos de desarrollo que te ayudaran cuando estabas programando escribiendo el código a detectar y corregir los errores.
- Hacer modificaciones en producción solía ser complejo.
- Hacer interfaces visuales se convertía en un desarrollo complejo.

Es por eso por lo que en el año 1991, Microsoft dio uno de los primeros pasos hacia la construcción de un lenguaje de programación que estuviera principalmente basado en lo visual. Su nombre: Visual Basic.

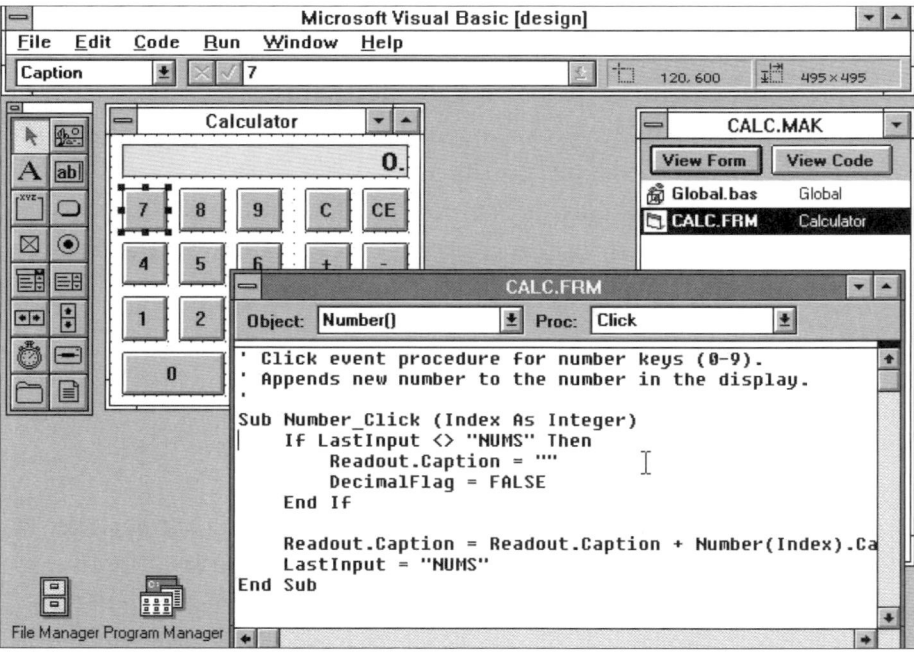

Mediante este lenguaje podías construir aplicaciones con interfaces resultonas —para la época— sin que tuvieras que programarlo todo tú a mano. Era una capa de abstracción encima del código que te permitía dibujar ventanas, textos, botones, selectores... y finalmente añadir una capa de lógica en código escrito de manera tradicional dentro del propio programa.

La acogida de Visual Basic fue bastante buena entre la comunidad, ya que ofrecía un lenguaje que en aquella época —piensa que esto es en la era de Windows 3.0— suponía una auténtica revolución a la hora de desarrollar los programas que las empresas necesitaban, acercando el mundo del desarrollo a personas que no tuvieran tanta experiencia.

Mediante un sistema WYSIWYG, que viene a significar que lo que ves es lo que la aplicación ofrece, todo estaba al alcance de tus manos, pudiendo «pintar» en la pantalla lo que sería el programa final.

Particularmente fue la puerta de entrada a muchos jóvenes que en aquella época no concebían que fuera posible que ellos pudieran hacer funcionar los ordenadores para ello. Programar en COBOL era difícil; Visual Basic lo hacía mucho más cercano.

Este producto sirvió de inspiración a Juan Muñoz Cobos, que, harto de los mismos problemas que se encontraba en la programación, decidió trabajar en un asistente de programación para su propio uso. En 1992 ya contaba con una versión más elaborada que pudiera usarla no solo él, sino cualquier otro desarrollador que quisiera. El nombre del producto fue Velázquez Visual:

- Entorno completo de desarrollo con base de datos integrada para no tener que repetir lo mismo una y otra vez y para no tener que dominar mil tecnologías cambiantes.
- Reaprovechamiento del código para ahorrar tiempo (y frustraciones).
- Asistencia durante el desarrollo para evitar errores.
- La base de datos es lo realmente importante y su integración con la interfaz.

En aquella época, Juan se dedicó a vender el programa a lo largo y ancho de España, ofreciendo demos en ferias y eventos de su programa, que parecía ser «demasiado bueno para ser verdad».

Visual Trans y Velneo

Justo lo opuesto pensaban en un pequeño estudio de desarrollo gallego, donde se dedicaban a construir software. Corría el año 2000 y necesitaban un lenguaje en el que desarrollar su aplicación de logística.

Entre todas las alternativas, la que más les llamó la atención fue una pequeña herramienta española llamada Velázquez Visual, que prometía una manera diferente de construir estas aplicaciones.

Es así como lo describía allá por 1997 Jesús Arboleya, uno de los pioneros de Velazquez Visual y parte de Velneo ahora:

Velázquez Visual está empezando a ser conocido, poco a poco, pero ya nació con una fiabilidad, velocidad y sencillez que estoy seguro que envidian sus contrincantes. Pero con Velázquez Visual he obtenido en un mes una rentabilidad que ni yo mismo podía imaginar, he conseguido amortizar el costo de la inversión, producto y curso, y gracias a la seguridad que me ofrece el producto puedo lanzarme a la venta de software estándar e incluso a nivel nacional sin arriesgarme a cometer errores.

Visual Trans acabó convirtiéndose en un software que encontró un hueco en el mercado y que tras siete años de lucha acabó por ser rentable, ofreciendo una plataforma que lleva más de veinticinco años dando servicio al mundo de la logística y el transporte y de cada cien kilos de mercancía que entra o sale de España, veinte kilos se gestionan en Visual Trans.

Es ahí donde llega el momento del nacimiento de Velneo, cinco años después, cuando varias consultoras de software como Visual Microsystems, Ática Software o Informática21 deciden unir fuerzas y crear Velneo, incorporando a Juan al proyecto con la ambición de hacer de Velneo una herramienta capaz de construir el software del futuro.

El 5 de mayo de 2005 llegan a un acuerdo y nace Velneo como nombre, una palabra que une Velázquez y nuevo (neo) empezando por la V7, la primera versión, que fue una evolución de Velázquez Visual y que tenía el gran reto no de seguir mejorando en lo técnico —en lo que Juan se aseguraría de que fuera perfecto—, sino en lo comercial, haciendo llegar esta herramienta a más y más empresas y más y más desarrolladores que la utilizaran en su día a día para construir software empresarial profesional.

Tres de cada diez kilos de hortalizas en España son gestionadas con Velneo: Fruttec

Avancemos unos cuantos años y descubriremos que Velneo hoy en día es una herramienta de programación que utilizan miles y miles de desarrolladores. Más de 25 000 programadores y más de 1,5 millones de usuarios que usan Velneo en más de 30 países atestiguan que lo han conseguido.

Y es que gracias a su plataforma se puede construir cualquier tipo de software, probablemente mucho más rápido y eficiente que en un desarrollo tradicional, espacialmente en su principal foco, los ERP, herramientas para gestionar recursos de empresas, CRM, herramientas para gestionar los clientes, etc.

Y uno de los mejores ejemplos de cómo Velneo aporta al desarrollo es Fruttec.

Fruttec gestiona las mayores empresas del sector agroalimentario solucionando las necesidades de producción, trazabilidad, integración RFID, control, pesaje, personal, gestión comercial, etc. Se encargan de gestionar mediante etiquetas RFID toda la producción logística de una fábrica de alimentación, acercándola al mundo de la industria 4.0, recibiendo en tiempo real todos los datos recogidos por cada uno de los dispositivos y permitiendo tener un control total de la producción dentro de la fábrica. Piensa que gestionan desde el pesado de las frutas al almacén, con todo el procesado de los pedidos, clientes, facturas, comercializadores, etc. Vamos, un desarrollo mayúsculo.

El cliente que decidió afrontar este desarrollo necesitaba una plataforma que fuera capaz de desarrollar en el menor tiempo posible la mayor parte del software, ya que no quería invertir mucho tiempo en el desarrollo y zambullirse en un proyecto interminable. Además, debía contar con una base de datos muy potente que fuera capaz de gestionar millones de registros de forma eficiente.

Para el desarrollo, se diseñó la estructura de la BBDD pensando en que debía soportar grandes volúmenes de datos (trazabilidad, logística, producción…) y que se debían minimizar posibles bloqueos y la integración con sistemas existentes. Después, gracias a las plantillas de código y su ecosistema de módulos se desarrolló el *backend* y la parte de gestión (analítica de datos, facturación, personal, facturación electrónica…).

Pero sin duda el mayor reto es la conectividad e integración con periféricos, robótica, accesorios, etc. Piensa que el software está pensado para trabajar con sistemas robotizados, integrados con la herramienta y que gestionan millones de datos de forma rápida y ágil.

Hasta un 60 % más rápido con Velneo

Los equipos de desarrollo que usan la plataforma Velneo suelen ser pequeños, ya que son altamente productivos. El ahorro en un proyecto de esta índole, donde se desarrolló un completo ERP con control de trazabilidad, conexión a sistemas RFID, robótica, pesaje electrónico, sistemas de almacenaje…, supuso un ahorro alrededor del 60 % respecto a su desarrollo con otras plataformas, aproximadamente unas seiscientas horas de desarrollo.

Sin embargo, un software nunca es solo su coste inicial, sino que las necesidades del producto cambian con el tiempo, a la vez que madura la empresa y es necesario contar con evoluciones de la herramienta para conseguir un producto que continúe aportando valor. Aquí, contar con una herramienta como Velneo permite que estos cambios sean mucho más ágiles, haciendo que el coste total de tener la herramienta en Velneo sea mucho menor. Además, como Velneo también evoluciona (sacan dos versiones al año) continuamente, las posibilidades y facilidades de desarrollo aumentan, haciendo que sea posible hacer cosas que antes eran más complicadas de una manera mucho más sencilla.

Sin duda, este es un gran caso de éxito de lo que se puede hacer con Velneo, pero la realidad es que como esta historia hay tantas otras en diferentes sectores que utilizan esta herramienta para su desarrollo y una comunidad increíble detrás de desarrolladores Velneo que usan esta herramienta para construir software para sus clientes.

Un largo viaje desde las primeras versiones de Velázquez Visual, que hace que muchas de las cosas que usamos en nuestro día a día lleguen puntuales, o que comamos la fruta fresca de las fruterías cada día.

¿Qué puedo aprender de Velneo?

Se dice que todas las modas acaban volviendo, pero la historia de Velneo me demuestra que no es una moda la tendencia del desarrollo visual. Incluso hace casi cuarenta años ya buscaban una manera más sencilla de desarrollar software y rebajar la curva de aprendizaje de cara a construir tecnología.

Y el resultado es que, si haces accesible el construir tecnología, puedes conseguir que más gente pueda acercarse a ello y acabar creando tecnología que nos afecte en nuestro día a día, nos demos cuenta o no.

Pero también cabe destacar la manera tan especial que tiene la gente de Velneo de hacer las cosas, que desde una pequeña esquina de O Porriño están construyendo herramientas que usan miles de usuarios por todo el mundo y construyendo las bases de herramientas que nos permiten que el mundo funcione tan bien como funciona, todo basándose en un lenguaje de programación visual.

Sin duda son los pioneros del Low-code en España y son realmente importantes no solo para que se construya tecnología de forma visual, sino para que este libro salga adelante.

Referencias

https://www.thurrott.com/dev/106091/20-years-visual-studio-visual-basic
https://retool.com/visual-basic
https://www.velneo.com/blog/juan-munoz-cobos
https://crearsoftware.com/2007/08/20/historia-de-v7/

13. Taxdown

Hacer la declaración de la renta es algo que (casi) todos odiamos. Es un proceso complejo, en el que es fácil cometer errores que pueden tener consecuencias graves. Además, la interfaz que proporciona Hacienda para realizar el trámite es realmente poco intuitiva.

Es aquí precisamente donde Taxdown detectó una oportunidad en el mercado que le ha llevado a ayudar a más de 1 300 000 personas a hacer la declaración y levantar más de 5 millones de euros en financiación de *venture capital* (capital riesgo).

Puede que incluso te suene de los anuncios que han hecho en televisión. Pero probablemente lo que no sepas es que detrás de toda la tecnología que hace posible este sistema se encuentra nuestra (espero que a estas alturas también para ti) querida Airtable.

Vamos a conocer una historia de un producto que ha adoptado el No-code de una manera particular para construir una de las *startups* más relevantes de España.

Hacer la renta es algo tedioso

Todos tenemos que hacer la declaración de la renta cada año. Es un trámite que para mucha gente supone tener pánico a ver cuánto les sale a devolver o a pagar, o quizá a equivocarse en alguno de los pasos y que en algún momento acabe llegándole una carta de Hacienda reclamando su equivocación.

Hay que reconocer que la aplicación PADRE hace bastante difícil este proceso para cualquier cosa que no sea lo que acaba haciendo la mayoría de las personas, que es descargarse el borrador que ha preparado Hacienda y presentarlo. Cuando no tienes cambios significativos en tu vida en un año o tienes un solo pagador esto es algo relativamente sencillo.

Sin embargo, lo que no te cuentan es que en ese borrador no han incluido todas las posibles deducciones a las que tendrías derecho en función de donde vivas. Por ejemplo, si vives en Galicia tienes derecho a una ayuda para pagar internet, o por ir al gimnasio, o por el alquiler… Gracias a estas deducciones autonómicas y estatales es posible que te ahorres mucho dinero. Taxdown promocionaba precisamente que de media podías llegarte a ahorrar 400 euros en tu declaración de la renta. Y aunque no sea así en todos los casos, es una cantidad de dinero nada despreciable a la que tienes derecho, pero a la no tienes una manera sencilla de acceder —a no ser que hables con un inspector de Hacienda o te lo gestione una asesoría—.

Es ahí donde en 2019, Joaquín Fernández, Álvaro Falcones y Enrique García deciden emprender e intentar mejorar la experiencia de hacer la declaración de la renta a través de una herramienta que facilite el introducir los datos y que se integre con Hacienda para obtener tu borrador.

Creando una solución para calcular cuánto podrías ahorrarte

Lo más importante de la aplicación es el algoritmo que detecta cuál es tu situación tributaria para analizar las posibles deducciones. Por eso pusieron el foco en construir una solución tecnológica lo más robusta posible que les permitiera precisamente conectarse a la Agencia Tributaria y obtener el borrador de la renta del usuario.

A partir de ahí, son capaces de cruzar la información del borrador con su base de datos de subvenciones para encontrar subvenciones que sean aplicables al usuario y ofrecer ese cálculo final de cuánto podrías ahorrarte.

Lo que tenían claro es que el objetivo del producto tenía que ser reducir la fricción de hacer la renta, por lo que se centraron en hacer que la experiencia de usuario estuviera realmente cuidada. A través de una serie de preguntas —entre seis y quince dependiendo del caso— puedes aportar la información clave a su algoritmo para que haga la estimación. Cosas como si te has cambiado de domicilio o de trabajo durante el año, preguntas realmente sencillas de entender y de contestar, que hace que en diez minutos puedas tener el resultado de tu renta con todas las deducciones posibles aplicadas.

Evidentemente, no todo el mundo se fía de un algoritmo así por las buenas, especialmente en algo tan sensible como es la declaración de la renta, por lo que Taxdown cuenta con un equipo de asesores fiscales que revisan las declaraciones antes de presentarlas para asegurar que el resultado es correcto.

Su modelo de negocio precisamente reside en pagar por que ellos presenten la declaración de la renta por ti. Desde 39 euros podrás tener la declaración revisada y presentada de manera automática, pudiendo pagar más por tener acceso a un asesor que te guiará y ayudará a revisar la declaración para tener una mayor garantía y tranquilidad.

Sin embargo, consultar cuál sería el resultado de tu declaración si la hicieras con ellos es completamente gratis, lo que hace que tengan una gran cantidad de gente que se anima a probar su producto, rellenando el formulario, para obtener el resultado que les da Taxdown, compararlo con su borrador de la renta y después presentarlo.

Tenemos ante nosotros una *startup* de base tecnológica que pone el foco en su algoritmo y la experiencia de usuario y que atiende a miles (¡y millones!) de usuarios a lo largo del año, por lo que puede que te estés preguntando dónde entra en juego el No-code aquí.

Desarrollando en No-code para ser más ágil

La clave de Taxdown es su formulario. A través de él es donde puedes hacer las preguntas a los usuarios, ya que dependiendo de su situación particular tendrá sentido hacer una serie de preguntas u otras completamente diferentes. Además, la regulación va cambiando con el tiempo y las subvenciones y deducciones también.

Es necesario poder modificar este formulario de la manera más ágil posible. Y esto cuando es un desarrollo «tradicional» puede no ser tan sencillo. El equipo de tecnología de una *startup* es uno de sus bienes más cotizados porque están trabajando siempre en mejorar el producto, en corregir los bugs y problemas que se encuentren por el camino, y muchas veces se están desbordados.

Entonces, ¿cómo lograr la flexibilidad para hacer cambios al formulario de manera ágil y sin depender del equipo técnico?

Esta fue precisamente la pregunta que enfrentó el equipo de Taxdown y que decidió resolver mediante Airtable. Encontraron esta herramienta casi por casualidad, buscando una solución que les permitiera crear un árbol de decisión para la lógica fiscal, que luego se traduciría a código.

La lógica detrás de esta decisión es empoderar a los fiscalistas dentro de Taxdown para que puedan modificar el formulario directamente, sin depender del equipo técnico. Esto tiene sentido, ya que ellos son quienes realmente conocen los pormenores de la declaración y pueden adaptarla rápidamente a la normativa vigente. Además, explicar los cambios deseados puede resultar extremadamente complejo.

Crearon una especie de sistema de diseño basado en Airtable que permite al equipo de producto y a los fiscalistas construir pantallas, añadir campos y más, sin necesidad de desarrollo adicional en cada ocasión. Optaron por Airtable para dar a los fiscalistas el control sobre las preguntas que se mostrarían en el formulario. Para implementar esto, fue necesario un desarrollo en código, ya que el formulario que se rellena en su web está construido de esta manera.

Probablemente, este enfoque implica un desarrollo inicial más extenso y costoso, ya que requiere crear un producto más complejo que se conecte con Airtable y que será el corazón del negocio. Sin embargo, una vez desarrollado, el equipo fiscalista de Taxdown goza de total autonomía para construir el formulario necesario sin depender de recursos técnicos para cada modificación. Esto da como resultado una velocidad de iteración significativamente mayor que si se hiciera directamente con código. Si tuvieran que solicitar a un desarrollador que creara cada nueva pantalla, el ritmo de progreso sería considerablemente más lento.

Y esto es especialmente relevante en una *startup* como Taxdown, que continúa expandiéndose no solo en España, sino en otros países de Latinoamérica, cada uno con su normativa fiscal a la que es necesario adaptarse.

Optar por este enfoque también ha supuesto retos y limitaciones, como solventar el que están limitadas las bases a 100 000 registros; sin embargo, les ha proporcionado una velocidad de adaptación y escalado que ha permitido llegar a estos países y tener una versión funcional en mucho menos tiempo, en dos o tres meses de trabajo de un fiscalista pueden tener un nuevo país en Taxdown, sin tener que depender de desarrolladores.

En este caso, Airtable cede el control a las personas que más saben de la normativa, permitiendo que el equipo de tecnología esté centrado en desarrollar y mejorar el producto para aportar más valor a sus usuarios o corregir cualquiera de los problemas que surjan.

Pero este no es el único lugar en el que Airtable ayuda a Taxdown, sino que forma parte íntegra de la compañía en muchos lugares.

Gestionando las operaciones de Taxdown con Airtable

Si bien el caso de uso que acabamos de ver no es el más común en Airtable, es un gran ejemplo de cómo con un poco de creatividad se pueden vincular el No-code y el código tradicional para construir soluciones más eficaces.

Y un apartado realmente importante de cualquier *startup*, especialmente aquellas que están en un crecimiento tan vertiginoso como Taxdown, son las operaciones. Desde la contratación de nuevos perfiles y publicar ofertas de trabajo a hacer el *onboarding*, gestionar los proyectos y tareas, la comunicación de todas las redes…, cada uno de estos procesos requieren de herramientas que faciliten su ejecución. Y es ahí donde una herramienta como Airtable brilla por su potencial. Es precisamente una herramienta pensada para mejorar la experiencia de trabajo colaborativo, ofreciendo la flexibilidad y la capacidad de gestionar toda la complejidad de una empresa.

Normalmente en una *startup* se utiliza una herramienta para el CRM, otra para el ERP, otra para la contabilidad, otra para la gestión de redes, otra para las tareas y proyectos, etc. Esto hace que utilices herramientas muy especializadas en una cosa en concreto a cambio de separar los datos y tenerlos replicados en varios lugares, lo que lleva a ineficiencias por no tener comunicación entre todas las aplicaciones.

Airtable busca resolver este problema ofreciéndote la flexibilidad de diseñar una herramienta a medida para tus necesidades, que quizá no sea tan perfecta como una solución que únicamente hace una cosa, pero que ofrece un lugar centralizado para todos los datos.

Por eso la gente de Taxdown empezó a utilizar Airtable prácticamente para todos los procesos de la compañía, desde el *onboarding* a la gestión de tareas, haciendo que fuera una de las grandes partidas dentro de sus costes de tecnología.

Toda la base de conocimiento está creada en Airtable, lo que permite que se gestionen todos los artículos de su Intercom (donde está alojada) de manera automática mediante una integración, o las *landings* en las que muestran sus *partners*, que son más de doscientas y que están todas organizadas y gestionadas dentro de Airtable para poder tener una velocidad mucho mayor de publicación.

Pero no solo eso, sino que toda la planificación de contenido para las redes sociales y para su blog está en Airtable, los procesos de contratación y *onboarding* de nuevas personas se gestionan a través de ella o incluso el *roadmap* de la compañía está visible a alto nivel dentro de Airtable. Vamos, que una gran parte de la compañía funciona gracias a Airtable, desde el producto en sí mismo a la propia organización.

Esto no significa que sea la única herramienta que utilizan ni que sea perfecta, por supuesto. El *stack* tecnológico de Taxdown se complementa con otras muchas herramientas como Jira o Intercom por citar unas cuantas. Por otra parte, el coste de usar Airtable para todo el equipo puede convertirse en muy grande muy pronto, y cobran veinte dólares por usuario. Sin embargo, creo que es un gran ejemplo de cómo utilizar una herramienta No-code como Airtable permite empoderar a las personas no técnicas a que tengan el control del producto y puedan construir sin depender siempre del departamento de tecnología.

¿Qué puedo aprender de Taxdown?

Cuando pensamos en una *startup* de tanto crecimiento como Taxdown, lo más probable es que nunca supongamos que hay partes de esta que están hechas en No-code. Sin embargo, lo que tenemos que entender es que lo más importante en una *startup* es la velocidad de iteración y el poder adaptarse a los cambios que el producto y la compañía vayan necesitando.

Es ahí donde el enfoque de Taxdown resulta tan particular. Una combinación entre el desarrollo tradicional en código y el No-code, para desarrollar una única vez un producto que luego sea fácilmente escalable y replicable, pero sobre todo manejable por equipos de producto y fiscal, sin depender del departamento de tecnología para cada uno de los cambios que quieran hacer.

Además, vemos cómo esta herramienta puede aportar en áreas superdiferentes dentro de la compañía, como son las operaciones a nivel recursos humanos, la gestión del contenido o la creación de artefactos que ayuden a sus equipos de marketing, teniendo todo centralizado en una única aplicación.

Si hablamos de escalabilidad, este es uno de los ejemplos que conozco que tienen un mayor impacto en la vida cotidiana de las personas que vivimos en España, ya que es una de las *startups* con mayor *momentum*, usada por millones de personas que quizá nunca lleguen a saber que han utilizado algo creado con No-code en parte.

Referencias

https://www.abc.es/economia/abci-taxdown-startup-revolucionado-manera-presentar-ladeclaracion-renta-202205201124_noticia.html

14. KOP Stadium

Ver fútbol es algo más que extendido en España. Es parte de nuestra cultura. Y todos o casi todos en algún momento hemos vivido la experiencia de ver un partido en un bar.

Podrías pensar que es algo que está más que inventado y que no hay oportunidad para innovar en ver un partido de fútbol en un bar. Sin embargo, la gente de Igeneris supo encontrar una oportunidad de ofrecer una experiencia diferente y monetizarla.

El No-code les ayudó a pasar de una idea —quizá un poco loca— a un proyecto real que facturaba, pero sobre todo les ayudó a pasar de las primeras ventas a una operativa sólida. En este capítulo hablaremos de cómo el No-code puede ayudar no solo a la validación, sino a las operaciones de una *startup*.

Ah, y de fútbol también.

¿Se puede mejorar la experiencia de ver fútbol en un bar?

Ir a un bar a ver el fútbol con tus amigos o tu familia puede ser una experiencia única. Quizá tengas recuerdos imborrables de partidos que marcaron tu vida, o quizá te lleves buenos momentos de euforia colectiva cuando tu equipo (o selección) marca en el último minuto ese gol que le da la victoria. Siendo sinceros, es una experiencia que, si te gusta el fútbol, es parecida a ir al estadio, pero con mucha menos inversión.

Pero no todo es maravilloso en un bar. Llegas y quizá no encuentres sitio para todos tus amigos, lo que hace que tengas que ir una o dos horas antes a coger sitio. Quizá luego la tele esté demasiado lejos o no tengas un buen ángulo para verla, y su volumen sea demasiado bajo para enterarte de quién es el jugador que tiene el balón. Además, probablemente te entre el hambre y puede que en el bar al que vas no tengan comida para acompañar el partido.

Todas estas cosas pueden parecer inconvenientes menores que tenemos asociados con ir a ver un partido a un bar, pero ¿qué pasaría si quitamos todos estos inconvenientes y nos quedamos con la parte buena?

Pues esto es exactamente lo que decidió intentar montar la gente de Igeneris, que se dedican precisamente a crear nuevos negocios a partir de problemas que encuentran, bien en el mercado, bien en su día a día.

Su hipótesis es que podrían mejorar la experiencia si buscaban bares que tuvieran suficiente espacio en los que pudieran instalar una grada como si estuvieras en el estadio. Con butacas amplias individuales para que cada persona pueda estar con su comida y su bebida y se sienta todo lo posible como en el estadio.

Pero no todo es lo cómodo que estés sentado, sino que es también superimportante poder ver y escuchar el partido bien, para lo cual decidieron montar un proyector en la pared que sirviera para ver el partido en pantalla gigante y poner altavoces para que el sonido llegara en la mejor calidad posible sobre todo el murmullo que pueda haber de la gente en el bar.

Así que, con la idea clara de qué querían ofrecer, llegó el momento de validar que existe demanda para esto y que realmente puede surgir un negocio de esta idea.

¿Cómo validas una experiencia?

Con la idea clara de qué querían ofrecer y encontrando una propuesta de valor única, llegaba el momento que más miedo da: lanzarla al mundo y ver cuál es la reacción.

Y aquí la gente de Igeneris hizo las cosas muy bien. La mayoría de las personas esperarían mucho tiempo para conseguir tener una página web perfecta, un sistema de entradas para poder vender los asientos, una red de bares en los que poder instalar sus sistemas…, vamos, que estarían meses desarrollándolo antes de saber siquiera si a alguien le interesa lo que van a vender. Y esto supone una gran inversión, principalmente de dinero, pero también de tiempo, aumentando el riesgo del proyecto.

Cuanto antes seas capaz de lanzar una primera versión al mercado y ver si tiene tracción o no, menos riesgo estarás corriendo. Principalmente porque si eres capaz de validar que tiene sentido en una semana en vez de en dos meses, te estarás ahorrando cinco semanas de tiempo, que en una *startup* es realmente mucho tiempo, pero también porque la inversión en desarrollo y construcción es mucho menor.

Con esto en mente, decidieron hacer la primera versión lo más sencilla posible. Buscaron a un proveedor chino que fuera capaz de darles una grada plegable como se imaginaban, después de hacer una buena investigación de qué productos podrían cumplir esta función. El producto hay que admitir que resuelve muy bien el problema al poder ser plegado y ocupar poco cuando no se use, pero proporcionar una buena experiencia a la persona que va a ver el partido.

El siguiente paso era localizar un bar que les permitiera hacer la prueba. Y aquí de nuevo podríamos haber ido a venderlo a diferentes bares de desconocidos y tratar de convencerlos. Pero cuando no tienes nada sólido por detrás, ni experiencia ni *track record*, se vuelve realmente complejo conseguir esa primera puerta abierta que te permita validar el proyecto. Aquí las relaciones y contactos ayudaron, tirando en este caso de amigos y conocidos que tuvieran bares y que estuvieran dispuestos a dejárselos para instalar la primera prueba y recibir un poco de ayuda. Muchas veces, estas primeras ayudas que a veces podemos pedir a amigos o nuestro entorno cercano pueden marcar una gran diferencia, ya que nos permiten poder hacer cosas que sería complicado conseguir fuera de esta red.

Teniendo ya el bar, la grada y el partido, lo único que faltaba era conseguir el público. Y recuerda que no se valida nada realmente si no consigues que alguien saque su cartera y pague por ello, por lo que tenían muy claro que tenían que cobrar entrada para poder asistir al partido.

Decidieron montar una página web lo más sencilla posible, a la que la gente pudiera acceder y transmitiera una cierta confianza. Tenía un chatbot hecho con Landbot, que les permitiría a ellos recopilar la información de cuántas personas irían, qué partido querían ver y que pudieran finalmente comprar su entrada para ir a verlo. A través de una conversación de chat, los usuarios eran capaces de poder escoger el día y el partido y poder comprar su entrada.

Con todo listo para el apartado técnico, llegaba el momento de validar y lanzarse a la piscina. Y para acelerar ese proceso más allá de los contactos y amigos, la mejor manera es hacer una pequeña inversión en Meta Ads, que te permite poner anuncios en los teléfonos móviles y ordenadores de gente que en principio podrían ser el público objetivo de KOP.

El resultado de este primer experimento, sorprendentemente, fue muy bueno y consiguieron validar que había demanda por este tipo de servicio para ver el fútbol de una manera diferente, consiguiendo captar usuarios a un precio razonable.

Pero lo mejor era que, una vez dentro del bar, el equipo fundador podía hablar con ellos en persona para entender cuáles eran realmente sus necesidades, qué era lo que más les había gustado del proceso y las razones que les habían llevado a querer reservar en KOP.

Y es que esta es precisamente la clave de un proyecto. No solo lanzar y conseguir las primeras ventas, sino tener la oportunidad de conocer a tus usuarios y entender las motivaciones que los han llevado a confiar en tu producto o servicio y dar el paso de pagar. Con el tiempo acabarás aprendiendo y sacando patrones que te ayudarán a identificar quién es realmente tu cliente ideal.

Así que con los primeros pasos dados y la idea validada, llegaba el momento de escalar el proyecto y hacerlo crecer.

El dilema para escalar: ¿Código o No-code?

Llegados a este punto en el que tenemos una idea que tiene sentido, vemos que hay demanda y somos capaces de traer usuarios, es el momento de escalar.

Aquí normalmente se presenta una elección:

• Decidir ir por la ruta tradicional del desarrollo en código.
• Apostar por crear una aplicación en No-code que solucione el problema.

Y este dilema es normal y completamente válido tenerlo, ya que cada uno de los dos enfoques tiene sus ventajas e inconvenientes. Por un lado, desarrollar en código de manera tradicional supone que al equipo de la *startup* debes sumarle personas que tengan conocimientos técnicos, cosa que no es sencilla cuando estás en esas primeras etapas y no tienes un producto sólido con el que atraer a estos perfiles. A cambio, lo que recibes es la infinita posibilidad de hacer prácticamente cualquier cosa en código.

Optar por esta vía supone una mayor inversión, ya que los tiempos normalmente se alargan debido a la complejidad del producto y puede que pasen de tres a seis meses hasta tener la primera versión del producto, a la que habrá que dar soporte y mantenimiento para evitar que la aplicación falle.

Si optamos por la otra vía nos quedamos con ciertas limitaciones. Las herramientas No-code pueden presentar ciertas restricciones, ya sea a nivel de interfaz o a nivel de funcionalidades, pero gracias a esta manera más encorsetada de construir puedes avanzar mucho más rápido. Estas limitaciones puede que sean sutiles y se puedan solucionar rápido o puede que sean causa de que el producto que te imaginas no se pueda llegar a construir.

Optar por este camino, sin embargo, se ve recompensado con una mayor velocidad a la hora de construir las primeras versiones y sacarlas al mercado para interactuar con usuarios reales y obtener su *feedback*, pudiendo crear en días o semanas lo que en código llevaría meses. Además, el mantenimiento está garantizado por la herramienta y no hace falta que tengas un equipo técnico como tal que se dedique a ello. El propio equipo de producto o incluso el CEO podría gestionar la aplicación.

Ante este dilema, cada casuística puede tener su solución óptima. Pero el 90 % de las veces, la mejor solución es aquella que se lanza al mercado lo antes posible. Y es que el código más caro que se puede escribir es aquel que nadie acaba usando. Gracias al No-code, es posible llegar antes al mercado y aprender antes lo que tus usuarios necesitan, permitiéndote saber lo que funciona y lo que no.

Este fue exactamente el enfoque que adoptó la gente de KOP, que decidieron construir una primera versión para poder ofrecer una experiencia mejor a sus usuarios lo antes posible. Su objetivo era proporcionar no solo una mejor experiencia de compra para los asistentes, sino tener toda una suite de herramientas que les permitiera gestionar mejor la experiencia de los bares o tener un panel de administración completo para poder ver el estado de cada uno de los usuarios y sus reservas.

Para construir esta primera versión, lo que decidieron fue buscar una combinación de herramientas que les permitiera crear una versión funcional lo suficientemente buena para sus usuarios. En estas fases, el diseño no es lo más importante, lo realmente importante es que sea funcional y permita hacer las cosas que tiene que hacer, desde poder reservar las entradas a generar un código QR para enseñarlo en el bar y que te den acceso.

Buscando entre todas las herramientas que existían en el mercado y con el objetivo de construir algo muy rápido, acabaron centrándose en Glide.

Creando la primera versión con Glide y Airtable

Glide es una herramienta que presenta muchas restricciones. No puedes modificar prácticamente nada el diseño. Tienes que ceñirte a su manera de hacer las cosas y tienes que adaptarte a su manera de funcionar.

Sin embargo, a cambio obtienes una herramienta con la que no te tienes que preocupar de ningún aspecto visual. Gracias a sus componentes predefinidos vas a poder centrarte en desarrollar la lógica y la funcionalidad (que es lo más importante) y confiar en que Glide hará que se vea como una aplicación moderna y funcional.

Es cierto que es personalizable y que puedes adaptarlo para que parezca una aplicación de tu empresa. Desde los colores, tipografías, logos…, prácticamente todo se puede tocar un poco para adaptarlo a la marca y que dé realmente la sensación, si no conoces Glide, de que es un desarrollo hecho a medida.

Originalmente, esta herramienta estaba pensada para construir aplicaciones sobre datos que se encontraran en un Google Sheets, pero esto ofrece poca robustez y posibilidades para una aplicación tan compleja como esta. Esa fue la razón por la que decidieron buscar una herramienta que les permitiera poder tener un *backend* de manera sencilla, pero integrada con Glide.

Es ahí donde Airtable supuso el punto perfecto. Gracias a estar pensada como una base de datos real, con las posibilidades de tener tablas relacionadas y una potente API que permite integrarse con casi cualquier herramienta, pero ofreciendo una interfaz amigable y sencilla para gestionar los datos de los usuarios, los partidos, los bares, etc.

Glide es capaz de coger estos datos de Airtable y «pintarlos» sobre una interfaz de manera que se puedan visualizar e interactuar con ellos. Todo lo que se hace en la aplicación de Glide, como añadir un usuario, cambiar una contraseña, comprar una entrada o modificar un horario de un partido, se traduce en modificaciones en la base de datos de Airtable.

Es cierto que es una arquitectura un tanto compleja y que es necesario tener ciertas bases de programación para construirla, pero en este caso la persona que la hizo fue Fernanda Rojas, alumna de NocodeHackers que contaba con cierta experiencia en el mundo de las bases de datos y que ayudó a construir esta primera versión.

Para sumar piezas a este puzle, era necesario tener una pasarela de pagos que permitiera que los usuarios pudieran pagar a través de la aplicación para comprar las entradas. Y en este aspecto la mejor herramienta disponible es Stripe.

Gracias a ella es posible generar productos (las entradas) y tener una experiencia en la que los usuarios puedan comprar introduciendo los datos de sus tarjetas de manera segura, pudiendo guardar toda la información relevante en Airtable para poder, por ejemplo, generar un código QR cuando compras una entrada y que aparezca en la aplicación.

Precisamente para que todo esto tenga sentido hay una herramienta imprescindible, en este caso Zapier, que actúa como pegamento digital para poder conectar todas las herramientas entre sí y conseguir que todo funcione como debería.

Teniendo claro este *stack*, una de las grandes ventajas de haber optado por utilizar Glide para esta aplicación es que puedes construir varias aplicaciones sobre la misma base de datos de Airtable, como son:

• La aplicación para el usuario final.
• Un portal administrativo para los bares.
• Una aplicación web de gestión para el equipo de administración.

Y como todas están hechas en Glide, es realmente rápido crearlas a partir de la primera que desarrollas, pudiendo reutilizar los componentes y la lógica que has creado, pero adaptándola a las necesidades del proyecto.

Por ejemplo, ese QR que comentábamos puede ser escaneado desde la aplicación del bar para tener un control de asistencia en cada partido, que estará sincronizado con la aplicación que tienen en administración.

De esta manera, en tan solo unas semanas, el equipo de KOP ya tenía una aplicación que les permitía vender. Actualizaron la página web, en este caso creándola en Webflow, ya que ofrece posibilidades más amplias a la hora de crear diseños personalizados, y ya contaban con una aplicación completamente funcional.

El escalado de KOP y pasando a código

Gracias a esta aplicación, conseguían vender más de 2000 entradas al mes. Sin duda, este ya es un volumen considerable de usuarios y de transacciones, y es bastante increíble que una aplicación desarrollada en semanas con unas herramientas como Glide o Airtable sea capaz de dar servicio a este producto.

Sin embargo, no todo siempre es tan bonito, y muchas de las cosas buenas que tiene Glide por ser tan limitada en cuanto a diseño se traducen en que hay muchas funcionalidades que son directamente imposibles de conseguir, o requieren de «trucos» que fuercen los límites de lo que hace la herramienta y la hace más propensa a errores.

Con un volumen tan alto de transacciones, se vuelve más complejo hacer evolucionar la aplicación y ofrecer actualizaciones y novedades que permitan irse adaptando a las necesidades del negocio. Esto es lo que denominamos «un buen problema a tener». Sin embargo, por mucho que sea buen problema, continúa siendo un problema, por lo que es el momento en el que toca dar el salto y desarrollar una nueva aplicación en código.

Es cierto que es una inversión tanto en tiempo como en dinero, pero durante casi dos años han tenido un producto que les ha permitido validar que realmente existe un negocio potencial, así como entender cuáles son las necesidades que realmente tienen los clientes y usuarios de KOP. Con lo cual, los costes de este nuevo desarrollo se reducen mucho al tener muy claro cuáles son los objetivos que tiene que cumplir, así como las posibilidades de la herramienta.

Hoy día, continúan funcionando con esta nueva herramienta más robusta que les permitirá continuar escalando el negocio.

¿Qué puedo aprender de KOP?

La historia de KOP es quizá una de las que mejor ejemplifican dónde aporta valor el No-code y dónde empieza a no ser una solución tan interesante.

En las primeras etapas, los momentos de mayor incertidumbre, aporta una mayor rapidez —como hicieron con el bot en Landbot y la web en Carrd— para lanzar algo al mercado y validar que tiene sentido. ¿Cuántas veces esta parálisis por no tener la página perfecta o la tecnología perfecta hace que proyectos que tendrían muchísimo potencial se queden en el olvido?

Sin embargo, creo que la mejor decisión que pudieron tomar fue construir la primera versión de su aplicación utilizando herramientas No-code. Y es que en esos momentos realmente no tenían una visión clara de qué es lo que tenía que hacer la herramienta ni si iba a continuar funcionando y escalando o no. E invertir en código supone tener un equipo que tienes que contratar, aumentando los costes necesarios para poder ser rentable.

Esto tiene sentido únicamente cuando tienes un problema validado, una solución validada y un cliente identificado al que sabes cómo llegar. Entonces es cuando te verás limitado por las posibilidades de la herramienta que has creado en No-code y toca saltar a un desarrollo más tradicional.

Podrías pensar que esto significa que el No-code no escala; sin embargo, para mí tener una empresa que es capaz de vender miles de entradas al mes a través de una aplicación hecha en No-code me parece una escala ya más que considerable. La mayoría de las ideas y de los negocios nunca llegan a ese punto y se quedan en el camino.

15. Creando un simulador de controladores aéreos en Bubble

Cuando pensamos en herramientas internas de una empresa, solemos referirnos a pequeñas cosas que nos ayuden en el día a día, como CRM con alguna automatización, una herramienta para gestionar las publicaciones de redes de la empresa o algo similar.

Sin embargo, hay otra categoría de herramientas internas que son parte imprescindible del funcionamiento de una empresa. Normalmente, estas se llevan al equipo de desarrollo para que las construya o se subcontrata una empresa que sea capaz de desarrollarlas, puesto que suelen ser demasiado complejas para que una persona del equipo afronte el proyecto.

Ese no fue el caso de Julián Valentín, que decidió construir (en Bubble) una herramienta interna para una de las mayores empresas aeronáuticas de Europa, todo por su cuenta.

Gestionando la comunicación entre avión y torre de control

Cuando estás volando en un avión, especialmente en las fases de despegue y aterrizaje, es necesario realizar una comunicación constante con la torre de control del aeropuerto, que se encarga de gestionar y controlar el tráfico aéreo para que no haya accidentes o, cuando haya emergencias, de que se puedan gestionar y priorizar.

Esto es precisamente lo que hace Eurocontrol, la empresa en la que trabajaba Julián Valentín en 2022, fundada en 1960 y con más de 41 países miembros de esta organización, que busca conseguir que la gestión de tráfico aéreo en Europa sea lo más segura posible.

En uno de sus primeros proyectos dentro de la empresa, le asignaron la tarea de desarrollar una herramienta que sirviera para facilitar la comunicación entre pilotos y torre de control, lo que se conoce como *datalink*.

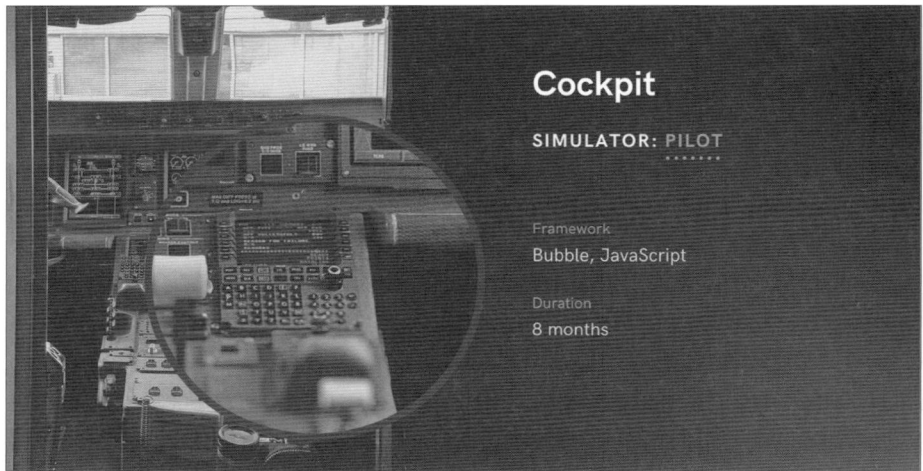

Este elemento está presente en todos los aviones y tiene una interfaz bastante compleja, con pantalla verde con letras brillantes y en la que se opera todo mediante un pequeño teclado con el que puedes gestionar todas las acciones necesarias para la comunicación y control del avión.

Déjame decirte que Julián, a diferencia de otras historias de este libro, sí que es ingeniero, aunque en este caso no informático sino de telecomunicaciones, pero con un bagaje de programación debajo del brazo que hizo que entrara dentro de Eurocontrol. Este proyecto aunque se podría asumir, en código tradicional supondría muchos meses de desarrollo y un equipo de personas detrás de él, por lo que Julián decidió buscar una alternativa para poder construirlo en el tiempo que tenía: usar Bubble.

Aunque pueda parecer una locura utilizar una herramienta No-code para construir algo tan complejo como este *datalink*, tenía todo el sentido del mundo para Julián, ya que con él podría simular toda la interfaz, contar con una base de datos integrada que le sirviera para gestionar los datos, y todo sin tener que montar servidores ni liarse con código.

Construyendo una réplica en Bubble

Julián se puso manos a la obra y empezó a replicar esta herramienta en Bubble, consiguiendo mediante el constructor visual de Bubble replicar a la perfección la interfaz del *datalink*, así como cada uno de los botones que tiene la herramienta.

Sin embargo, no solo se trata de hacer algo que se vea y parezca que es un *datalink*, sino que fue necesario tener toda la lógica por detrás que hace que esta herramienta funcione para simular toda la complejidad que tiene la comunicación entre torre y avión.

Es ahí donde los *workflows*, pequeños flujos de procesos que puedes hacer en Bubble, permitieron simular todas estas funcionalidades, con una lógica compleja y que supone bastante tiempo para poder mapear todo lo que tiene que hacer, completamente posible de realizar en Bubble al 90 %. Sin embargo, el 10 % restante de las funcionalidades en su momento eran imposibles de hacer en Bubble. Volvemos a encontrarnos ante una situación en la que las herramientas No-code nos imponen un límite.

Pero cuando hemos encontrado un límite, especialmente cuando usas aplicaciones más pensadas para crear herramientas profesionales, puedes solucionarlo gracias a escribir un poco de código, cosa que en este caso Julián era capaz de hacer por su formación en programación. De esta manera combinas la potencia y sencillez de construcción de Bubble con la lógica avanzada que hay que construir con código cuando es necesario.

Aunque el proyecto llevó ocho meses en total, entre las diferentes versiones que construyó, fue un éxito y se convirtió, tras presentarlo en varios comités de Eurocontrol, en una herramienta más que forma parte del entrenamiento de los pilotos.

Si funciona, repítelo

Con esta confianza en Bubble para construir estas herramientas internas, a Julián le propusieron un reto quizá aún mayor.

Y es que si los pilotos cuentan con una terminal en la que poder comunicarse con la torre en el propio avión, los controladores en tierra cuentan con una terminal un poco más compleja en la que poder ver la situación en tiempo real de todos los aviones del espacio aéreo cercano, para poder gestionarlos y controlarlos.

Esto requiere de un sistema más complejo, ya que no es solo comunicaciones, sino que tiene que ser capaz de representar fielmente los aviones del espacio aéreo y todas las opciones que puede hacer un controlador con cada uno, como modificar su rumbo, ponerse en contacto con ellos, etc.

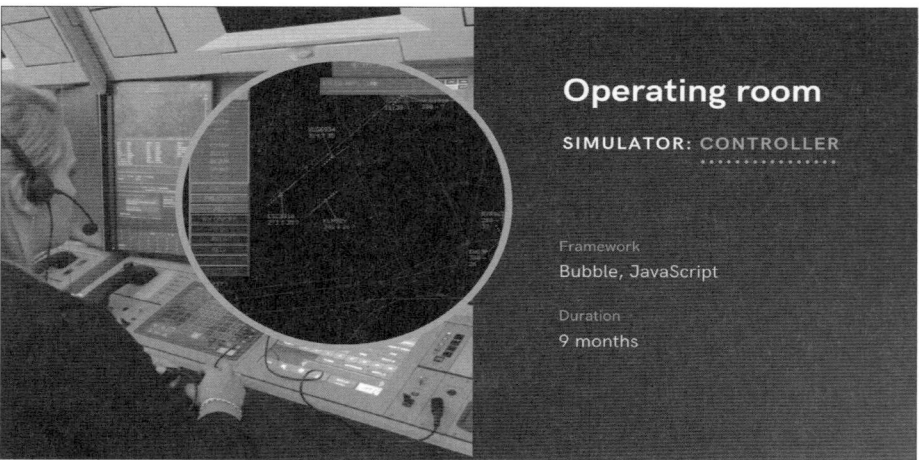

Sin embargo, con la experiencia que había adquirido Julián con el anterior simulador, fue capaz de utilizar Bubble y JavaScript de nuevo para construir esta herramienta en tan solo nueve meses.

Puede parecer mucho tiempo; sin embargo, recordemos que en este caso era simplemente Julián dedicado a construir esta herramienta. Si hubieran tenido que contratar un equipo de desarrollo que hiciera una aplicación similar en código, hubieran tardado al menos el mismo tiempo, pero con un coste muchísimo mayor al tener que implicar a todo un equipo de desarrollo.

¿Qué puedo aprender de Julián y Eurocontrol?

Una de las principales virtudes del No-code es que puedes crear y construir mucho más rápido que un desarrollador tradicional. Al tener muchas de las partes simplificadas y gestionadas por parte de la herramienta, como en este caso Bubble, te puedes centrar en las partes más complejas como son la lógica y los flujos de la herramienta.

En este caso han permitido que se construya una herramienta que puede ser usada de manera real por una única persona, sin tener que invertir y delegarlo a agencias de desarrollo externas que quizá hubieran tardado incluso más y desde luego costado muchísimo más.

Además, al ser una herramienta de uso interno, no es necesario preocuparse demasiado de la seguridad de la plataforma ni enzarzarse en los líos legales que supone aprobar una herramienta nueva al *stack* tecnológico de una empresa como Eurocontrol. Muchas veces esta es una de las mejores maneras de jaquear una organización: en vez de pedir permiso antes de hacer algo, crear una versión funcional que demuestre el valor que puede aportar, para que la adopción sea mucho más sencilla.

Pero, sin duda, lo que me llevo de esta historia es que muchas veces los límites a las herramientas los ponemos nosotros. Y es que si te preguntan si Bubble es una herramienta con la que podrías hacer cualquiera de estos dos simuladores, la respuesta seguro que sería que no, que es imposible. Pero Julián decidió creer que era posible y, como no sabía que era imposible, lo hizo.

16. Facturar 10M dólares con una aplicación hecha en Bubble: Betterlegal

Como suele pasar con la mayoría de los movimientos, Estados Unidos suele llevar unos años de ventaja con respecto a nuestro mercado, efecto que se magnifica por el tremendo tamaño de mercado al que están expuestos. Hasta ahora hemos hablado de aplicaciones y proyectos hechos en España; sin embargo, no quería que cerráramos este libro sin mirar un poco más lejos y traer uno de los casos más relevantes dentro del ecosistema.

Y es que sí, se pueden construir empresas que facturen millones de euros o dólares, y que estén construidas en No-code.

Encontrando una oportunidad en el mundo legal

Constituir una empresa en Estados Unidos es algo que, aunque probablemente sea más sencillo y directo que en España, tiene cierta complejidad. Necesitas obtener varios papeles, que son diferentes en función del estado, como son el EIN *(employer identification number)* o hacer un *state filing*, para empezar el proceso.

Cuando estás empezando un negocio, lo que buscas es poder operar lo antes posible. Ya suficiente lío y dificultad tiene emprender como para además tener que destinar tu tiempo y esfuerzo a gestiones administrativas que no aportan más valor que el poder (al final del proceso) operar legalmente como empresa.

La principal manera, si buscas evitar todo este proceso tedioso de vaivenes administrativos, es contratar a un abogado que lo pueda hacer por ti. De esta manera te ahorra todos los quebraderos de cabeza a cambio de una cifra que puede rondar los 1000-1500 dólares aproximadamente.

La justificación detrás del precio está basado en que son unos 300 dólares por ese *state filing*, más 4 horas de crear documentación a tarifa de abogado (otros 300 dólares por hora), simplemente modificando una plantilla con la información apropiada del negocio y haciendo la gestión administrativa posterior.

Parecería demasiado tiempo haciendo una tarea manual que tampoco aporta demasiado valor, que es justo lo que pensó Chad Sakonchick cuando su amigo abogado, que acababa de montar su propio despacho, le contó acerca de cómo le estaba resultando difícil conseguir nuevos clientes a este precio.

Chad se dio cuenta de que realmente no tiene sentido que un abogado que cobra 300 dólares por hora esté centrado en hacer algo que se podría automatizar, por lo que le propuso mejorar el proceso e introducir una pequeña automatización al proceso que permitiera coger todos estos datos (eso tendría que seguir siendo manual) para generar automáticamente este documento.

Construyó un prototipo de esta funcionalidad en una semana y se dieron cuenta de que eran capaces de reducir el tiempo que tardaban de cuatro horas a aproximadamente diez minutos por cada cliente.

Con este nuevo proceso, empezaron a probarlo con los clientes del despacho, ofreciendo el servicio a 599 dólares (incluyendo los 300 dólares del *state filing*) y encontraron que realmente podría ser una oportunidad de negocio interesante, ya que en el primer año hicieron aproximadamente 50 clientes con este modelo.

Automatizando el proceso sin código, luego con código, para volver a hacerlo sin código

Esta primera versión de la aplicación de Betterlegal estaba construida con una combinación de herramientas que permitían automatizar la generación del documento.

A través de Typeform podían construir formularios que les permitieran recopilar toda la información necesaria del negocio de una manera estructurada y organizada. Aquí también hicieron un gran trabajo de simplificar el lenguaje para que el cliente fuera el que rellenara toda esta información.

Después, utilizando Zapier por medio, creaban una tarea en su gestor de tareas, en este caso Asana, donde se generaba el documento legal de cuarenta páginas, utilizando una última herramienta, Webmerge, para poder construir el PDF.

El problema que presentaba este enfoque es que, si el cliente quería hacer una modificación de cualquier parte del documento, era necesario volver a editarlo todo, ya que se generaba automáticamente (sin revisión) por parte de los usuarios.

Es ahí donde decidieron migrar Asana a Salesforce, buscando una mayor flexibilidad y una mejor manera de operar que les diera la posibilidad de editar los documentos antes de enviárselos a los clientes.

Con cada versión, el proceso continuaba mejorando, pero estaba lejos de ser un proceso ideal, especialmente cuando era necesario hacer modificaciones por parte del cliente, que no tenía la habilidad de poder gestionar cualquier cambio sin depender del equipo de Betterlegal, enlenteciendo el proceso.

Es ahí donde decidieron dar un giro a la manera en la que habían hecho las cosas hasta el momento y pasar a construir la aplicación de Betterlegal en código, con el objetivo de construir un *dashboard* para los usuarios de Betterlegal que les permitiera modificar sus documentos de manera autónoma.

Esta decisión supuso que se embarcaran en un camino de cinco años en el que desarrollaron esta nueva versión de Betterlegal con un equipo de *freelances* primero que creara la base de la aplicación en seis meses y posteriormente con equipo de desarrolladores internos tanto *frontend* como *backend*.

El problema es que optar por el desarrollo en código les supuso que, con cada nueva cosa que querían añadir, tuvieran que invertir tiempo del equipo de desarrollo, sentirse agobiados por tener que encontrar el equilibrio entre nuevas funcionalidades y mantener lo existente. Además, pasaron por varias refactorizaciones del código para hacer la aplicación más rápida.

Sin embargo, nada de esta complejidad interna se traduce en mejoras de cara a los usuarios. Cuando eres un fundador no técnico, como en este caso es Chad, es realmente complejo gestionar el desarrollo tecnológico, estando a merced del equipo de desarrollo, que se convierte de facto en las personas que marcan el ritmo de avance de una aplicación.

Esta situación suponía que tenían demasiados costes y no la suficiente velocidad de operación para sacar nuevas funcionalidades y mejorar el producto, por lo que se hacía evidente que era necesario reducir costes para mantener el negocio a flote. Ese fue el momento en el que Chad se unió a un reto de construir algo en treinta días y probó Bubble por primera vez.

En ese momento se enamoró de la herramienta por descubrir la velocidad con la que era posible llegar a construir aplicaciones. La mayoría de los elementos de una plataforma ya están inventados. Desde un formulario de registro a una lista o un flujo de recuperar tu contraseña, son elementos que están más que estandarizados y que no es necesario estar constantemente haciéndolos de cero tratando de reinventar la rueda.

Gracias a los elementos que ya están creados en Bubble es posible construir software a medida mucho más rápido, apoyándote en bloques y plantillas construidos por el equipo de Bubble o la comunidad.

Replicando Betterlegal en Bubble en noventa días

Lo que habían construido a lo largo de cinco años de desarrollo en código le costó únicamente noventa días al equipo de Betterlegal, liderado por Chad.

Una vez construida esta versión, estuvieron conviviendo ambas versiones de la herramienta entre tres y seis meses en los que estuvieron identificando los posibles errores.

Pero durante este tiempo no solo fueron capaces de rehacer lo que ya estaba hecho, sino de aumentar las posibilidades de la herramienta, integrando partes del negocio que vivían en otras herramientas, como Asana, tras construirse su propio gestor de tareas en Bubble. Esto tiene la gran ventaja de que está intrínsecamente relacionado con todos los datos de la compañía, al no tener que estar integrándote con herramientas de terceros.

En menos de un año, la aplicación en Bubble era mejor que la versión anterior en código y ya no miraron atrás. A partir de ese momento, decidieron reconvertir al equipo para fichar talento que desarrollara en Bubble y que les permitiera con los mismos recursos ser aproximadamente diez veces más rápidos a la hora de desarrollar.

De hecho, ahora han ido sacando más y más novedades y productos, todo integrado dentro de la plataforma, como funcionalidades de IA para revisar los contratos, a una velocidad que jamás sería posible de la manera que lo hacían anteriormente. Esto les permitió poder cambiar su modelo de negocio, ya que, aunque estaban facturando unos 2 millones de dólares al año, eran principalmente ventas puntuales. Esta nueva herramienta les permitió apostar por un modelo de negocio basado en la recurrencia, que les facilitara tener una mayor estabilidad y que ya les está generando aproximadamente un millón de dólares al año de manera recurrente.

Explorando los límites de Bubble

Aunque Bubble sea capaz de hacer prácticamente cualquier cosa, muchas veces en el camino te encontrarás con límites de lo que la herramienta puede hacer de forma nativa. Puede ser que necesites un gráfico un poquito diferente, o integrarte con un proveedor de terceros que actualmente no está dentro de las integraciones nativas de la herramienta.

Es ahí donde entran en juego dos factores: los *plugins* y el código.

Mediante los *plugins* es posible aumentar las funcionalidades de Bubble a través de pequeñas herramientas creadas (en código) por otras personas que te permiten simplificar la experiencia de hacer cosas más complejas. Con la gran comunidad de usuarios de Bubble, actualmente hay un *plugin* para casi cada caso de uso que necesites.

Sin embargo, hay cosas demasiado personalizadas que puede que no te resuelva ni Bubble ni sus *plugins*, por lo que es posible que en algún momento sea necesario escribir un poco de código que complemente lo que puede hacer la herramienta. Ya se trate de una integración demasiado compleja en Bubble o de personalizar aún más la experiencia de los usuarios, esta opción está disponible y hace que el límite de lo que se puede o no se pueda hacer en Bubble sea realmente difuso.

Pero tener una aplicación que funcione no es toda la historia. Es necesario que además sea rápida y sencilla de usar, ya que si la aplicación es demasiado lenta hará que los usuarios se frustren y dejen de usarla.

Precisamente es uno de los problemas a los que Chad y el equipo se enfrentaron. Sin embargo, además de las optimizaciones a nivel de cómo desarrollar en Bubble que puedes hacer, está soportado en un servidor de Amazon Web Services, una tecnología infinitamente escalable, la misma que utilizaban cuando estaba desarrollado en código.

La diferencia está en que no es el equipo en particular de Betterlegal el que se esfuerza por hacer que el producto sea cada vez mejor a nivel de infraestructura, sino que el equipo de Bubble está constantemente buscando la manera de conseguir que el rendimiento de todas las aplicaciones creadas en Bubble sea mejor. Es como si delegaras la optimización de tu infraestructura.

Sin embargo, este enfoque ha permitido al equipo de Betterlegal encontrar un hueco en el mercado, con un camino que quizá no sea lo habitual, en el que gracias al No-code no solo han podido validar su negocio, sino que les ha permitido escalar.

¿Qué puedo aprender de Betterlegal?

Encontrar un problema en el mercado que merezca la pena solucionar es realmente complicado. Pero muchas veces está a la vuelta de la esquina. Puede que sea la conversación con tu amigo de la carrera o que vayas a cortarte el pelo y descubras una oportunidad de mejora en cómo hacen las cosas.

Gracias al No-code es posible mejorar procesos de una manera realmente sencilla, combinando formularios, bases de datos y automatizaciones hasta conseguir un sistema que haga automático lo que antes era manual.

Estos enfoques tienen también sus contras, que es por lo que la mayoría de las veces acabamos recurriendo al código como solución a nuestros problemas. Pero desarrollar en código supone contratar un equipo técnico y poder gestionarlo y liderarlo, cosa nada sencilla si no vienes de un *background* técnico.

Por eso la historia de Chad y Betterlegal es tan particular, decidiendo cambiar la manera en la que hacían las cosas para tratar de encontrar una forma de ser más ágiles a la hora de desarrollar.

Y es que, cuando se usa bien el No-code, la velocidad que puedes obtener es realmente impresionante, haciendo en semanas cosas que se harían en meses en código y ahorrándote mucha de la parte tediosa que viene asociada al mantenimiento del código.

Para terminar, aceptar que cada herramienta tienes sus límites es parte necesaria de este enfoque; sin embargo, un poco de creatividad y desarrollar pequeñas partes en código, ya sea tú mismo con ChatGPT o similar, o contratando a una agencia, puede hacer que los límites de lo que es posible sean realmente lejanos.

Referencias

https://nocodeexits.substack.com/p/how-chad-built-a-no-code-startup
https://www.youtube.com/watch?v=cL6lXKmbyyw

17. Creando una aplicación para un torneo de calistenia en Flutterflow

El competir es algo que está presente en la mayoría de los deportes. Ya sea el fútbol, el baloncesto, el tenis o prácticamente cualquier deporte que te puedas imaginar incluyen un aspecto en el que puedas comparar tus habilidades con las de otras personas que practiquen el mismo deporte, siguiendo una serie de normas preestablecidas y habitualmente un sistema de puntuación que hace sencillo saber quién está ganando.

Probablemente una de las pocas excepciones sea el mundo de la calistenia, un deporte que consiste en la adquisición de resistencia, agilidad, equilibrio, coordinación y flexibilidad a través de un entrenamiento equilibrado con el propio peso corporal.

A diferencia de un entrenamiento de gimnasio tradicional, en la calistenia no se permite el uso de pesos adicionales al de tu propio cuerpo para realizar los ejercicios. Esto significa que los atletas de calistenia no necesitan de grandes instalaciones ni material para poder entrenar, lo que le ha garantizado una gran popularidad, especialmente en lugares donde es más difícil acceder a buenos gimnasios a un precio razonable.

Los movimientos principales se realizan o bien en el suelo o en barras o anillas, realizando acciones complejas como dominadas, *pullovers*, flexiones, etc. Y aunque el movimiento en sí pueda ser sencillo, la gracia de la competición de la calistenia es quién puede realizar movimientos más complicados y más espectaculares, desde saltos de trescientos sesenta grados en una barra a combinaciones de movimiento tras movimiento.

La competición fomenta ese punto de esfuerzo extra, que busca superar lo que otro competidor ha hecho y entrenar para ser un poco mejor cada día. Y si bien existen torneos de calistenia, están pensados para la élite, distando mucho de algo que pueda ser aplicable a la persona que entrena en su día a día, teniendo muchas barreras para poder acceder a la competición, como la geografía, el número de atletas, número de jueces, etc.

Hasta ahora, este problema se resolvía a nivel local, con pequeñas comunidades de atletas calisténicos que se juntan para entrenar y darse *feedback* unos a otros para poder mejorar y convertirse en mejores atletas. Es entonces cuando Álex Franco decidió intentar resolver este problema a través de una comunidad global en la que puedan registrar los avances, conocer a atletas de todo el mundo y conectar con ellos. Bajo el nombre de Calenge, nace una comunidad con la ambición de convertirse en la mayor del mundo con una misión muy clara: impulsar a las personas a cuidar su cuerpo y mente donde quiera que estén, sin límites.

Pero decir que quieres crear una comunidad global y hacerlo son dos pasos muy distintos, como hemos visto a lo largo de este libro; es imprescindible invertir el menor tiempo posible en validar si efectivamente nuestra idea y nuestra ejecución encajan en el mercado. Es ahí donde entra Soce Studio y Adrià para ayudar a Álex a desarrollar su proyecto.

De un TFG a una agencia internacional de Flutterflow

Tradicionalmente asociamos el No-code a personas que vienen sin un *background* técnico, pero la realidad es que hay muchas que están estudiando una carrera técnica porque les gusta la tecnología, pero para las que escribir líneas de código no es su futuro soñado.

Esto es exactamente lo que le sucedió a Adrià Solé, que mientras estudiaba Ingeniería Informática e Ingeniería Matemática en Ciencia de Datos, descubrió el mundo del No-code a través de Glide. Al momento se enamoró de la posibilidad de construir aplicaciones que los usuarios pudieran realmente usar sin tener que recurrir a escribir código. Además, su *background* como ingeniero le permitía aprender mucho más rápido que a una persona que empieza de cero, trasladando los conceptos que tenía integrados en código a cómo hacerlos en Glide.

Esa pasión por Glide le llevó a aprender y llevar al límite las posibilidades que tenía esta herramienta, siendo una persona muy activa en sus foros y convirtiéndose en experto de Glide, empezando a hacer sus primeros proyectos con esta herramienta.

Sin embargo, esto sucedía mientras terminaba la carrera, siendo el último requisito hacer un TFG que Adrià decidió utilizar para elaborar el plan de negocio y modelo de una agencia de desarrollo de software, en este caso de aplicaciones móviles. Desde cómo iba a captar clientes, su funcionamiento, sus fortalezas y debilidades…

Pero lo más interesantes es que, en vez de quedarse en un simple TFG, Adrià decidió llevarlo a la realidad. Como era experto de Glide, iba teniendo acceso a algunos proyectos en su tiempo libre, compaginando la carrera con el desarrollo de aplicaciones en Glide, lo que a su vez le servía para continuar aprendiendo de la herramienta y aumentar los límites de lo que era posible hacer con ella.

Y es que Glide es una herramienta fantástica, pero que presenta muchas limitaciones, tanto de interfaz (no puedes casi personalizar su aspecto) como de funcionalidad; muchas cosas son directamente imposibles de hacer en esta herramienta. Esto llevó a Glide a tomar la decisión de abandonar su posicionamiento como creador de aplicaciones móviles para cientos o miles de usuarios para ir a construir herramientas internas para grandes empresas, priorizando desarrollos que les ayudaran en este objetivo y cambiando el *pricing* para adecuarse a este tipo de empresas.

Este momento coincidió en el tiempo con el nacimiento de Flutterflow, que prometía la posibilidad de construir aplicaciones nativas mucho más rápido a través de su interfaz visual. Adrià había aprendido a programar en Flutter como parte de su trayectoria, por lo que tenía todo el sentido del mundo empezar a explorar esta herramienta para ver qué se podía hacer con ella y si podía Glide como principal herramienta para sus proyectos.

La diferencia entre Glide y Flutterflow empezaba a ser escandalosa, permitiendo esta última construir aplicaciones realmente complejas y, como factor diferencial, poder exportar el código que genera la aplicación o construir mediante código pequeños componentes y funciones que aumenten los límites de lo que puede hacer la herramienta. Estas dos características pueden parecer menores, pero hacen que los límites de lo que puede hacer una herramienta se reduzcan drásticamente. Volvemos a entrar en el territorio del Low-code, que mezcla la interfaz visual para construir pero proporciona una plataforma en la que desarrollar código cuando sea necesario para construir la visión de la aplicación.

De nuevo Adrià volvió a estar entre la hornada de *early adopters* de esta herramienta, participando en foros, aportando a la comunidad y convirtiéndose de nuevo en experto, lo que hizo que le fueran llegando proyectos cada vez más interesantes para desarrollar en esta aplicación. Aquí su *background* como desarrollador sí que realmente impactaba, ya que Flutterflow es una aplicación que se parece mucho más al código que otras alternativas, por lo que, aunque simplifica ciertos aspectos, es necesario tener una cierta base de programación.

Con el tiempo, Soce Studio empezó a coger forma, contando con colaboradores tanto en el área de diseño como en el área de desarrollo y posicionándose como una boutique de desarrollo en Flutterflow, lo que le ha llevado a conseguir clientes internacionales que necesitan ayuda a la hora de desarrollar proyectos. Uno de esos clientes empezó siendo NocodeHackers, que nos apoyamos en Adrià cuando necesitábamos desarrollos en Flutterflow, lo que nos llevó a que formara parte del equipo desde principios de 2024, aumentando lo que podemos hacer como agencia de desarrollo.

Precisamente uno de esos primeros proyectos que deciden apostar por Soce.Studio como agencia es Álex Franco con su proyecto de Calenge.

Validando un proyecto lo más ágil posible

Volviendo al proyecto de Calenge, Álex se enfrentaba a un gran reto, ya que las comunidades de calistenia están dispersas entre todas las ciudades del mundo, además de que no existía una competición que realmente permitiera copiar el modelo para poder trasladarlo a su aplicación.

La incertidumbre era máxima antes de lanzar este proyecto, sin embargo, Álex tenía ganas de ver si podía haber una comunidad interesante que además le permitiera monetizar y crear un proyecto que tuviera futuro. Su idea era sencilla: organizar un torneo *online* a nivel mundial que permitiera que independientemente de tu lugar de residencia pudieras participar en una competición de calistenia con una serie de reglas marcadas y criterios estándar.

Para ello, su idea consta de estos elementos diferenciales:

* El atleta se graba y sube un vídeo para competir.
* Después, ese vídeo es revisado por jueces de manera *online*.
* El juez puntúa el ejercicio en función de una serie de criterios.
* Los mejores atletas reciben premios.

Este modelo, que ya funciona en otras disciplinas como puede ser el crossfit, es más complejo de llevar a la práctica en el mundo de la calistenia, por lo que existía una gran incertidumbre. Es ahí donde decide recurrir al No-code y en particular a Flutterflow, porque el número de hipótesis que tenían que cumplirse para que realmente Calenge funcionara era muy alto, entre ellas:

* El atleta se grabará y subirá un vídeo para competir.
* El atleta pagará por competir *online* sin desplazarse de su parque/lugar de entrenamiento.
* El atleta tendrá motivación por seguir compitiendo en este formato de forma recurrente.
* El atleta se fía del criterio de evaluación del juez en un formato *online*.

- El atleta está motivado compitiendo por premios.
- El atleta está motivado por competir contra atletas de todo el mundo.
- El atleta tiene una motivación extra al tener un reto que completar cada semana.

Para que la aplicación funcionara, todas estas condiciones tenían que cumplirse. En el caso de optar por un desarrollo tradicional, podría tardar perfectamente de tres a seis meses en tener una primera versión que pudiera lanzar al mercado y ver si generaba tracción, además de tener que invertir entre 20 000 y 40 000 euros en el desarrollo de esta aplicación.

El reto era apasionante: desarrollar una aplicación completa para gestionar estos torneos de calistenia, teniendo que integrar una serie de funcionalidades que permitieran a los atletas participar de manera fluida y precisa en los desafíos semanales, incluyendo la presentación de cada desafío y sus instrucciones y reglas, así como la posibilidad de que los participantes carguen sus vídeos de actuación para su evaluación.

Pero esto no quedaba aquí, sino que era necesario crear un panel de administración que sirviera para que los jueces pudieran evaluar y puntuar las actuaciones de los participantes de manera eficiente.

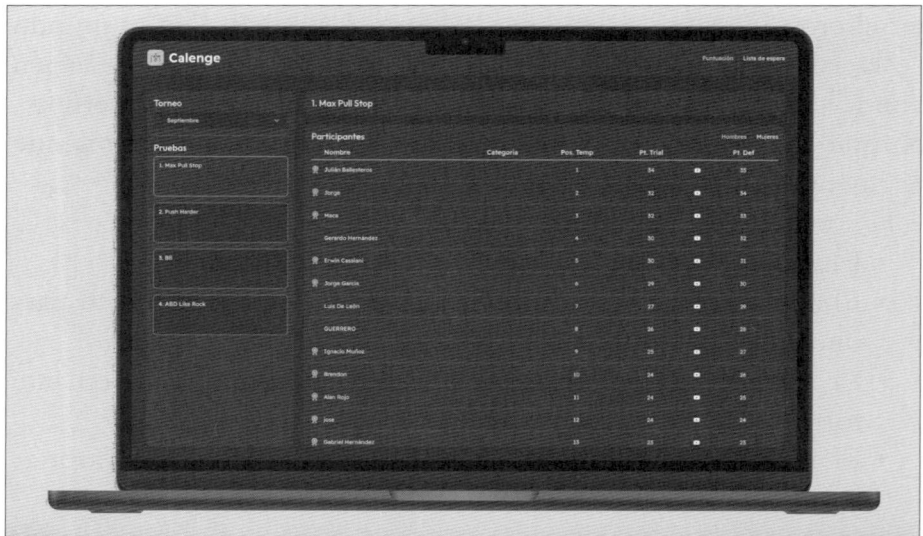

Construirlo además es simplemente el primer paso a la hora de conseguir que la aplicación pueda convertirse en un proyecto interesante, ya que después tienes que ser capaz de distribuirla y llegar a los atletas, que la utilicen y además que estén dispuestos a pagar por participar en estos torneos.

Apostar por Flutterflow fue cuestión de confianza en Adrià, pero también cuestión de inversión y tiempo. Construir la primera versión; que permitiera a los atletas registrarse en la aplicación y participar en torneos, así como subir sus ejercicios y recibir su puntuación, les llevó aproximadamente un mes. Quedaban muchos aspectos por mejorar, pero les permitió lanzarlo al mercado, consiguiendo una buena tracción que les ayudó a validar que realmente los usuarios veían potencial en una herramienta que les permitiera competir en calistenia y validando sus principales hipótesis.

Iterar más rápido, la ventaja de Flutterflow

Acertar a la primera es prácticamente imposible. Siempre que hagas un desarrollo de una aplicación te vas a encontrar con que lo que tú habías pensado que iba a pasar cuando los usuarios utilizaran tu aplicación es completamente distinto a lo que pasa cuando realmente la tienen en sus manos y la usan en su día a día.

Precisamente esto es lo que sucedió con Calenge: aunque la primera versión de la aplicación tuvo muy buena acogida, surgieron decenas de cambios y de mejoras que se podían introducir para tener algo que resolviera realmente bien el problema que pretendía solucionar Calenge.

Es justo en este punto donde haber apostado por Flutterflow como tecnología de desarrollo se convierte en la mejor elección posible, ya que, a diferencia del código tradicional, es realmente sencillo y rápido iterar el producto con esta herramienta, especialmente en la interfaz, pero también a nivel de funcionalidades.

Gracias a esta decisión pudieron lanzar una nueva versión que incluyera todo el sistema de pagos, que es cuando realmente se valida el proyecto, al ver que los participantes están dispuestos a pagar por participar en estos retos sin tener que moverse de su parque habitual.

La realidad es que en menos de dos meses consiguieron desarrollar una versión que los usuarios estaban dispuestos a utilizar y, lo más importante, demostrar tracción suficiente como para que se vislumbrara un proyecto que podía ser rentable. Gracias a Flutterflow como plataforma, han podido construir tecnología al servicio de la validación de una idea, ganando en agilidad a la hora de modificar el producto en base al *feedback* de los usuarios.

¿Qué puedo aprender yo de Calenge?

La historia de Adrià, Soce Studio y Calenge es fascinante, pero se puede resumir en tres grandes ideas que son verdaderamente importantes:

- El mundo del No-code también es para desarrolladores: aquellas personas que vienen de un *background* técnico tienen una gran ventaja a la hora de acercarse a este mundo, ya que cuentan con conceptos como la lógica de programación, entender cómo funcionan las API, las bases de datos y saber escribir funciones personalizadas, que a otras personas les llevaría meses aprender. Además, este último punto les garantiza que van a ser capaces de suplir los límites de la herramienta gracias a escribir un poco de código.
- Ser de los primeros en aprender una herramienta siempre trae recompensas: salen constantemente herramientas nuevas, algunas prometedoras que se quedan en nada y otras que consiguen millones de usuarios, pero en este caso se demuestra que estar en las primeras fases de una herramienta, teniendo que pelearse con sus limitaciones y aportando a la comunidad, puede convertirse en una ventaja única que permita desarrollarte en el mundo profesional.

- Lo importante que es validar rápido: la historia de Calenge, si se hubiera desarrollado en código, probablemente hubiera sido muy diferente, ya que la inversión de tiempo y dinero hubiera sido mucho mayor. En este caso, Álex vio claramente que tenía muchas hipótesis que validar antes de saber si el proyecto podría funcionar o no. Y es que realmente, cuando lanzas algo innovador al mercado, la incertidumbre es total. Y da igual que inviertas 5000 o 40 000 euros en un desarrollo, lo único importante es el resultado de la aplicación, que es lo que ve el usuario y toca en su día a día.

Esta historia creo que refleja muy bien cómo aplicaciones más cerca del Low-code pueden aportar al desarrollo de proyectos innovadores, ayudando en las primeras fases de validación cuando la incertidumbre es enorme, pero a la vez creando una plataforma lo suficientemente robusta como para que se pueda escalar y convertirse en un negocio rentable.

18. El futuro del No-code

Espero que a estas alturas del libro entiendas que el movimiento No-code no es simplemente una tendencia nueva que ha aparecido por arte de magia, sino una evolución del desarrollo visual orientada hacia los perfiles menos técnicos, pero que tienen ganas de poder construir aplicaciones, páginas web y automatizar procesos, sin tener que aprender a programar.

Hemos visto proyectos que demuestran que el potencial no es algo lejano e imposible de alcanzar, sino que ya hay personas en todo el mundo que están aprovechando estas herramientas para realmente construir proyectos espectaculares; sin embargo, aún no estamos en un momento (en pleno 2024) en el que esta sea una opción masiva que todo el mundo escoja o, al menos, valore cuando empieza un proyecto.

La llegada de las IA generativas, como OpenAI o Anthropic, y de herramientas de construcción de productos, como Lovable o Cursor, han supuesto un nuevo cambio de paradigma, prometiendo cambiar la manera en la que desarrollamos, creamos e interactuamos con los productos. Sin embargo, esto no son más que buenas noticias para quienes venimos del movimiento No-code, por lo que vamos a entender qué razones me llevan a pensar en un futuro brillante en el que quienes no tienen conocimientos técnicos puedan construir software.

El estado actual del No-code

Durante estos cuatro años de NocodeHackers he ido experimentando todas las olas del No-code: desde la popularidad máxima en la que iba a ser el *new best thing* a los momentos más bajos atravesando el valle de las desilusiones. Desde los mensajes de posicionamiento de herramientas como No-code que claramente no lo eran —pero era lo que estaba de moda— a la opción de alejarse de este movimiento para que no los relacionen con algo «cutre» o algo «no potente».

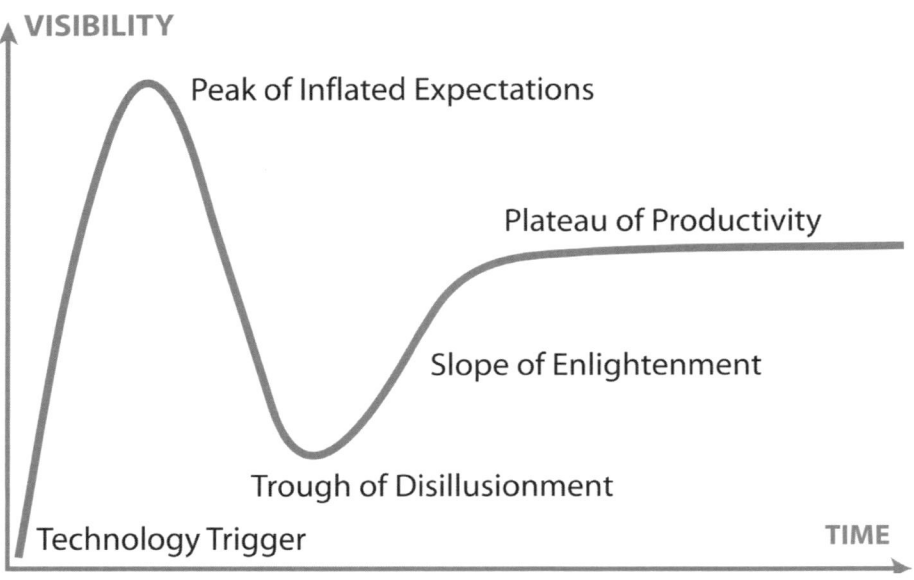

https://en.wikipedia.org/wiki/Gartner_hype_cycle

Al final es algo que sucede con cada una de las novedades tecnológicas que realmente transforman a una sociedad, como describe la curva del *hype* de Gartner. Siempre que aparece una nueva tecnología innovadora, empezamos a ilusionarnos y a obviar un poco sus carencias para pensar en las posibilidades que podrá tener en el futuro. Aparecen los expertos, y las personas que más tiempo le dedican a estas herramientas acaban por posicionarse muy bien dentro de la revolución tecnológica. Conforme las primeras expectativas se van demostrando que son ciertas, continúa subiendo ese nivel de lo que esperamos de la tecnología y cada vez se suma más gente a la ola, hasta llegar a un punto en el que se inflan estas expectativas y se sobrepromete, ya que la tecnología actualmente no está realmente en ese punto.

Llegado a ese momento, cuando tras ese *hype* inicial empresas más grandes intentan utilizar la tecnología en proyectos reales, nos damos cuenta de que faltan muchas cosas y tiempo para poder realmente ser útil al nivel de la tecnología que tenemos actualmente, pasando el valle del desilusionamiento. Esta fase es clave, ya que aquellas tecnologías que sean capaces de superar estos dos ciclos serán aquellas que se instalen y acaben llegando a un nivel de productividad donde realmente entendamos cuál es su valor y dónde podemos emplearla para mejorar nuestra vida.

El No-code no es una excepción. Hace unos años venía con las expectativas de ser la revolución que iba a transformar la manera de construir software, de donde viene el odio que muchos programadores le tienen a este movimiento. Con razón, te diré, porque muchos de esos primeros usuarios se cuestionaban para qué íbamos a necesitar desarrolladores si eso ya lo podían hacer ellos con No-code. Quizá se pecó de prepotencia o de ingenuidad. Pero después la realidad golpeó fuerte y se vio que las herramientas no estaban lo suficientemente maduras como para poder solucionar problemas reales, especialmente conforme el tamaño de la compañía del cliente aumentaba.

La empresificación del No-code

Para entrar en empresas más grandes necesitas una serie de requisitos a nivel de infraestructura, así como a nivel de seguridad y *compliance* que muchas de estas herramientas al ser tan jóvenes aún no cumplen. Es necesario despriorizar el *backlog* de nuevas funcionalidades que harán mejor la herramienta de cara al usuario final para poder desarrollar aquellas cosas que estos nuevos clientes *Enterprise* necesitan, ya que son los que realmente pagan unas cantidades desorbitadas por usar esta herramienta y hacen que puedan cumplir con las expectativas de los inversores. Lo que antes era una herramienta cercana a sus usuarios, que implementaba cambios de manera ágil basándose *feedback* que recogían, de repente se convierte en una plataforma que no innova y no mejora. Crecen en equipo, crecen en operaciones, crecen en líos internos y todo se vuelve cada vez más complejo.

Al atravesar todas estas fases, el resultado (para las que sobreviven) es que ahora sí cuentan con una plataforma robusta, probablemente haya sido reconstruida desde cero —ya sea su *backend* o su *frontend*—, que incorpora todos los requisitos para poder cumplir los estándares que las grandes empresas piden. Esto les proporciona a su vez una manera de poder integrar y construir sobre esta plataforma de manera más rápida y a la vez volver a acercarse a las peticiones que los usuarios tenían, siendo percibida de nuevo como una herramienta innovadora.

En este punto probablemente ya hayan nacido empresas como Minimum.run o Minimum.studio, agencias que se especialicen en dominar estas herramientas y que puedan saber cuándo utilizarlas para sus clientes, haciendo que su adopción sea aún mayor, pero a la vez entendiendo cuáles son los casos de uso en los que realmente es mejor que otras alternativas más tradicionales y aquellos en los que realmente no es una buena solución. Con el paso del tiempo, esto acaba convirtiéndose en que X herramienta es la mejor para Y problema. Como Framer para construir páginas web o Flutterflow para construir aplicaciones nativas.

Ahí es cuando empieza a haber hueco para profesionales que dominen estas herramientas y que puedan hacer de implementadores solucionando este problema de las empresas que buscan innovar, ser más rápidas y ahorrar costes al optar por este tipo de soluciones. Esto hace que cada vez más personas puedan vivir gracias a estas herramientas No-code, ya sea como parte de una agencia o como *freelance*, lo que a su vez desemboca en que haya más demanda de formación; y ahí es el punto exacto en el que nos encontramos ahora.

Las empresas empiezan a pasar el *hype* del No-code (si es que lo llegaron a conocer en su día) para entender los puntos en los que aporta. Probablemente no te sirva para crear la nueva *app* del banco (o si, como Axios Bank en India), pero sí que sea mejor utilizar Framer o Webflow para la web de marketing que tener que depender de que la tecnología haga su propia versión en código. Validar ideas invirtiendo meses y decenas de miles de euros no tiene sentido si soy capaz de construir un prototipo más rápido con No-code que me permita aprender lo mismo que conseguiría con la otra solución. Construir una herramienta interna con Airtable, me permite ahorrarme trabajo de mi equipo de desarrollo para que se centren en donde puedan aportar más valor.

Y precisamente este es el punto en el que se encuentra el No-code en 2024, al menos en España, donde cada vez hay más *startups* que nacen abrazando tecnologías No-code como Bubble o Flutterflow, cada vez empresas más grandes migran sus sitios web de WordPress o código a Webflow o Framer y Shopify continúa ganando terreno en el mundo del *e-commerce*. Hemos pasado la burbuja y el *hype* para entender dónde nos aporta valor y cuándo es realmente la mejor solución a un problema tecnológico. El término No-code ha permitido construir este ecosistema de gente apasionada por esta visión, pero en los últimos meses ha habido un movimiento que trata de alejarse de esta posición.

No somos No-code, somos desarrolladores

En septiembre de 2024, Flutterflow lanza un vídeo en su canal principal denominado «No-code is Thrash», es decir, que el No-code es una basura. En él, se pasan diez minutos argumentando que el término No-code no se aplica a una herramienta como Flutterflow, que ellos son algo distinto, ya que son un entorno de desarrollo visual, por lo tanto es más potente y mejor.

Con estas declaraciones se ha iniciado un debate en la comunidad acerca de si realmente el término No-code ha hecho más mal que bien a las personas que buscan desarrollar sin tener que aprender a escribir código, al que se han sumado otras herramientas como Toddle.dev. Huyen del término No-code y por lo tanto dan la espalda a la comunidad que los ha apoyado desde el principio.

Como hemos visto a lo largo de todo este libro, esto me parece un debate realmente absurdo, ya que todas las herramientas que hemos ido conociendo pueden definirse perfectamente como herramientas de desarrollo visual, algo que lleva con nosotros desde los principios de los ordenadores personales y que tiene una gran masa de desarrolladores que prefieren esta manera de hacer las cosas. El No-code/Low-code es simplemente un nuevo término que recoge herramientas con la misma filosofía de desarrollo visual, la única diferencia es dónde marcan la línea de abstracción de su producto: si está más orientado hacia la persona que busca hacer algo rápido a cambio de sacrificar algo de personalización, como es el caso de Glide o Softr, o una plataforma más cercana al desarrollo a cambio de una menor velocidad de construcción, como son Flutterflow o Webflow.

Lo que ha conseguido este término es crear un movimiento de personas que gracias a estas herramientas encuentran una comunidad que las apoya y que comparte intereses similares, por lo que es un debate creo que inerte, que no aporta más allá de ofrecer un punto de marketing extra. Lo que nos une son las ganas de crear, no la tecnología que utilicemos para ello.

No obstante, hay una tecnología que sí que parece que promete elevar lo que se puede hacer por personas que no somos programadores: la llegada de la IA generativa y herramientas como Lovable, Claude o Cursor.

La inteligencia artificial reemplazará a los programadores

Con el lanzamiento de ChatGPT, la interfaz conversacional de OpenAI que permite resolver todas tus preguntas, llegó una auténtica revolución que avanza a un ritmo vertiginoso. Con una simple conversación puedes hacer que este tipo de inteligencias artificiales respondan a cualquiera de tus dudas, ya sea algo sencillo (como una operación matemática) a cosas realmente complejas, como son el desarrollo de software.

Si bien los primeros modelos y versiones resultaban algo pobres, se equivocaban mucho y no generaban respuestas de calidad de manera consistente, con el paso del tiempo han ido evolucionando en sus capacidades hasta convertirse en mejores que muchos humanos en muchas tareas. Una de las áreas en las que más rápido ha avanzado es el mundo de la programación, ya que tiene acceso a todos los repositorios de código con los que han entrenado el modelo y es capaz de proporcionar soluciones únicas a tu problema gracias a esa información. Es casi como si hubiera estudiado programación y pudiera generar código que resuelva el problema al que te enfrentas.

Esto nos lleva a pensar que si sigue este camino, muy pronto acabará siendo capaz de sustituir a los humanos a la hora de desarrollar software, ya que simplemente tenemos que describir exactamente lo que buscamos y esta inteligencia artificial nos ayudará a generar el código que necesita para que se convierta en realidad.

En ese punto es donde empiezan a complicarse las cosas, ya que es realmente complejo explicar en lenguaje natural (es decir, el que hablamos nosotros, como inglés o español) exactamente lo que buscamos hacer. Nuestra manera de comunicarnos es ambigua y puede dar lugar a que estos modelos no sean capaces de entender realmente lo que nosotros estamos buscando que haga. Por lo que debemos poder primero entender muy bien el problema que queremos resolver y luego traducirlo en una serie de requisitos y características muy específicas.

Es decir, tenemos que ser capaces de diseccionar el producto que queremos construir en una serie de miniáreas o minifuncionalidades y describir exactamente lo que queremos que suceda, como, por ejemplo, el flujo de registro e inicio sesión de un usuario o lo que queremos que suceda cuando un usuario pulse un botón de nuestra aplicación para crear un nuevo tique en nuestra base de datos.

Y precisamente este razonamiento lógico es lo que hace a los desarrolladores desarrolladores. La habilidad de poder pensar de manera lógica todos los flujos de una aplicación, los posibles problemas de los usuarios a la hora de utilizarlo, los posibles errores que se den o maneras de utilizarlo que no sean las que has definido, para luego ser capaces de traducirlo a una serie de instrucciones (en código) que el ordenador convierte en la aplicación que usamos.

Con la IA sucede algo similar. Puedes pedirle que te construya una aplicación y quizá consigas que te haga una primera versión que se acerque a lo que buscas, pero si quieres construir productos de calidad, debes ser capaz de explicar exactamente lo que quieres hacer, además de entender las posibilidades y limitaciones de cómo funciona la tecnología. Cuantos más conocimientos técnicos (de alto nivel) tengas, más útil y sencillo será para ti aprovechar la inteligencia artificial para programar. Dominar conceptos como la arquitectura de una aplicación, entender qué es una API y qué es un *webhook*, saber los principios básicos de HTML CSS y JavaScript te convertirá en un mejor desarrollador.

Esto se ve enfatizado gracias a herramientas como Lovable.dev, una de las *startups* de mayor crecimiento de la historia, que te permite construir software simplemente escribiendo en español (o inglés) y describiendo lo que quieras. Parece casi magia.

Pero la realidad es que no es magia —aunque hace unos meses o años hubiéramos dicho que sería imposible—, sino que actualmente ya son herramientas que están siendo utilizadas por personas que no saben programar para convertir sus ideas en realidad, construyendo software.

El futuro de la construcción de *software*

Es imposible predecir con certeza lo que va a suceder, pero una cosa está completamente clara: el desarrollo de software está cambiando en todos sus ámbitos a una velocidad espeluznante.

Con la llegada de modelos de inteligencia artificial cada vez más potentes, proporcionados por compañías como Anthropic (Claude) u OpenAI, lo que ahora es imposible se convierte en lo normal tan solo seis meses después.

En cuanto a la generación de software, el salto ha sido espectacular. De ser capaz de únicamente hacer pequeños experimentos y juegos a finales de 2024 a convertirse en un aliado imprescindible para construir software, sepas programar o no. La realidad es que la llegada de herramientas como Lovable redefinen lo que es ser un desarrollador y lo que podemos hacer sin tener que escribir una sola línea de código.

En 2025 puedes describir una aplicación que quieres crear hasta el más mínimo detalle, con sus funcionalidades, su base de datos, autenticación y todo lo que necesites y dársela como *prompt* a Lovable, dejarlo pensar durante aproximadamente cinco minutos y que tengas una primera versión de una aplicación completamente funcional, con una interfaz que, si bien no es espectacular a nivel diseño, es más que suficiente para la mayoría de los casos. Dedícale una hora más y habrás podido conectar un *backend* real y robusto como es Supabase para tener datos reales, hacer llamadas a API complejas, tener autenticación y usuarios y publicar tu aplicación a un servidor que pueda utilizar gente real.

Si el No-code más «tradicional» permitía pasar de meses a semanas, ahora somos capaces de pasar de semanas a días o incluso horas. Lo que antes costaba decenas de miles de dólares para tener una primera versión funcional del producto, ahora lo puede hacer una persona en su casa pagando una suscripción de 20 € al mes. Y sin tener que tocar una sola línea de código.

Parece demasiado bueno para ser verdad y he de admitir que durante mucho tiempo fui reticente a pensar en utilizar esta tecnología como parte de mis herramientas de desarrollo. Defendía que la interfaz visual, como hemos visto durante todo este libro, es la mejor manera de construir software para las personas que no sabemos programar. Ahora sigo creyendo que es realmente útil, pero en otro contexto.

Herramientas como Lovable te permiten llegar al 80 % de lo que tienes en mente en horas. Pero ser capaz de después iterar y refinar la aplicación para que sea un producto pulido y que haga lo que tú quieres exactamente es una historia por completo diferente, al menos por ahora. Cuanto más compleja se vuelve la aplicación, la ventana de contexto de las herramientas se vuelve menor y por lo tanto es más propensa a cometer errores, cambiando cosas que no querías que cambiara, deshaciendo lo que habías conseguido que funcionara o directamente ignorando los cambios que le pidas.

Es ahí donde el tener una interfaz visual, en la que puedas seleccionar el elemento que quieres modificar, ver todas sus propiedades y editarlas mediante controles visuales te va a permitir construir exactamente lo que quieres y ser capaz de darle ese 20 % final a la aplicación que la haga brillar.

Volviendo al problema que veíamos antes, lo difícil nunca ha sido el construir el código, sino construir algo que la gente realmente quiera utilizar. Y para ello tienes que tener muy claro cuál es el problema que resuelve tu herramienta y por qué estaría dispuesto a pagar tu usuario, para después ser capaz de imaginar una herramienta que solucione ese problema, siendo capaz de describir paso a paso todas las funcionalidades que tiene que tener, cómo debe actuar e interactuar con el usuario, bajándolo flujo a flujo, incluyendo casos complejos o que no sigan el camino tradicional que esperas que siga cuando todo sale bien.

Precisamente ese es el trabajo de un buen desarrollador. Traducir necesidades en tecnología. El cómo lo haga es un poco más intrascendente. Lo que nos propone la IA es que ahora tenemos a nuestro alcance una herramienta en la que poder describir no en código JavaScript, sino en español directamente lo que queramos y que sea capaz de entendernos.

Y esto lo cambia todo.

Construye acompañado de una IA

Las herramientas como Lovable, Cursor, Replit (y tantas otras) se basan en agentes que son capaces de entender lo que les pides, traducirlo a requisitos y entender el código del producto que estás construyendo para traducir tus instrucciones a código. Hacen la función de intérprete de español a código, siendo una abstracción más a la hora de desarrollar.

Quizá el mayor cambio es que son agentes capaces de entender el código de tu aplicación con los que puedes hablar y hacerles preguntas. A diferencia de las aplicaciones No-code más tradicionales puedes preguntarles cuál es la mejor manera de implementar una nueva funcionalidad, o que analicen tu herramienta para ver si es segura o no.

Es como si tuvieras a un equipo de desarrollo a tu lado al que le pudieras preguntar y con el que pudieras aprender de manera constante, ya que es capaz de explicarte el razonamiento de por qué está fallando o cuál es la mejor manera de hacer algo.

Y esta me parece la auténtica revolución que la IA aporta a las personas que no somos técnicas. Hasta ahora ante problemas complejos, como la implementación de un algoritmo, una integración compleja o que la aplicación va demasiado lenta, nos veíamos desprovistos de herramientas. Simplemente la curva de aprendizaje y los conceptos necesarios para poder hacerlo se escapan al conocimiento actual. Sin embargo, ahora tienes un agente al que poder preguntarle cómo desbloquearte, sugiriéndote diferentes maneras de abordar el problema e incluso explicándote las razones que la llevan a decidirse por una u otra. La velocidad a la que aprendemos a desarrollar se incrementa exponencialmente, ya que tenemos una solución a cada uno de los problemas particulares que se nos presenten, caso a caso, sin tener que pasar horas buscando por internet en foros una solución similar.

Actualmente, no es que la IA haga malas aplicaciones, sino que permite que una persona sin demasiados conocimientos técnicos pueda construir aplicaciones que hasta hace poco serían completamente impensables. Además, más rápido.

No todo es color de rosa, sin embargo. Fallan, se equivocan, entran en bucle. El código puede no ser perfecto y tener una lista inmensa de fallos. Pero hay que estar ciego para no ver que este es el futuro de cómo vamos a desarrollar productos digitales y cómo vamos a convertirnos en desarrolladores que construyamos código simplemente hablando o escribiendo.

Dicho esto, como *disclaimer*, decir que si bien estas IA te pueden ayudar, es necesario tener una buena base de tecnología para realmente poder afrontar proyectos complejos. Más que saber escribir la línea de código que deberías escribir, necesitas entender cómo hacer buenas preguntas a la inteligencia artificial para guiarla en el camino correcto. Se nota mucho la diferencia a la hora del resultado final que obtienen las personas al usar estas herramientas en función de la base de conocimiento técnico que tengan. No es necesario que sepas escribir un *script* de React, pero sí debes entender qué es una base de datos, qué es un componente o un *webhook* para comprender por qué la aplicación no funciona como debería funcionar.

Nunca ha sido mejor momento para aprender a desarrollar

Todo esto me lleva a la conclusión de que el futuro del No-code está muy relacionado con el desarrollo de la inteligencia artificial, no pudiendo entenderse ya una sin la otra.

Tener a tu lado a un desarrollador experimentado al que le puedas hacer preguntas y debatir ciertos temas sobre los que tengas dudas va a hacer que la experiencia de aprender a desarrollar aplicaciones cambie por completo. Ya no es necesario ante cualquier problema pasarte horas y horas delante de él, buscando en foros y probando cosas, sino que le puedes pasar a Claude o OpenAI tu código, que será capaz de comprenderlo, entender lo que realmente quieres hacer y después proponerte una solución a medida, siendo capaz incluso de modificarlo para que tú no tengas que hacer nada.

Esto supone que tienes a tu disposición un tutor 24/7, con acceso a una gran base de conocimiento que te puede ayudar, explicándote conceptos que no entiendas, proponiéndote planes para desarrollar tu aplicación o debatiendo sobre cuál es la estructura de la base de datos que debería tener tu aplicación.

Sin embargo, donde aún les falta camino por recorrer y que el No-code ha ido evolucionando en los últimos años es en la sencillez y rapidez de modificación que proporciona un entorno visual. Lo que el futuro nos depare probablemente sea un entorno de desarrollo visual en el que la IA esté integrada desde el minuto uno del desarrollo tanto como asistente como generador de componentes o código. Después, en un par de clics podrás tener todo configurado para salir a producción y que tu aplicación la puedan usar.

Gracias a esta combinación, la barrera de entrada para que las personas que no son técnicas puedan construir productos digitales es realmente baja. No quiere decir esto que en un día o dos seas capaz de construir aplicaciones que sustituyan a desarrolladores experimentados, por supuesto. Aun con todo, estas plataformas requieren una curva de aprendizaje y asentar una serie de conceptos que son clave para poder hacer aplicaciones de calidad. Por mucho que en cinco minutos tengas una primera versión de la aplicación, necesitarás hacer que sea segura, que se conecte a una base de datos real, añadir proveedores de autenticación y muchas más cosas que por mucho que tengas un asistente que te vaya guiando, requieren de paciencia y de dedicar cierto tiempo a poder aprender.

Lo que está claro es que ni la IA ni el No-code van a reemplazar a los desarrolladores, sino que van a impulsar que más personas pierdan el miedo a desarrollar aplicaciones y se acerquen con una actitud quizá con algo de ingenuidad de: «¡Yo puedo hacerlo!» y lo acaben consiguiendo.

Las herramientas actuales y el futuro

A lo largo de todo este libro, hemos ido viendo distintas herramientas como Bubble, Flutterflow, Airtable, Zapier, etc., y la realidad es que de aquí a cinco años es muy probable que hayan tenido que adaptarse para poder incorporar la inteligencia artificial a su producto. Algunas lo harán de manera más trascendental, como por ejemplo Zapier o Make, ya que los procesos de automatización son muy susceptibles de ser mejorados por una descripción de lo que quieres hacer, o con algo de conocimiento técnico incluso pueden llegar a programarte en código Python una automatización que haga lo mismo y que no implique pagar por estas herramientas.

Sin embargo, no veo que vayan a desaparecer herramientas como Framer o Webflow, en las que su propuesta de valor no reside tanto en la construcción como en el mantenimiento. Lo importante es lo sencillo que sea poder modificarlo una vez construido y ser operado por personas de departamentos menos técnicos como pueden ser marketing o producto. Todo gira en torno a la sencillez de modificación y a reducir complejidad para las personas no técnicas, por lo que tienen una gran ventaja y una comunidad detrás que les permitirá afrontar esta ola con ciertas garantías, incluyéndolo en su producto, por supuesto, pero sin tener que pivotar todo lo que han construido.

Pero la realidad es que herramientas como Lovable, Cursor o Claude Code han venido para abrir un mercado mayor al que el No-code nunca fue capaz de llegar. Ahora sí que se cumple la promesa de que cualquier persona puede convertir sus ideas en realidad.

El futuro de la comunidad

Si algo bueno ha traído este movimiento es una comunidad de gente que no sabe programar, pero que tiene ganas de crear, unidos todos bajo una bandera, el No-code, que engloba a una gran cantidad de perfiles. Y si algo tiene de bueno esta comunidad y que no se ha perdido en estos cuatro años que llevo viviendo en ella es que es desinteresada, muy propensa a ayudar a la gente y que te acoge como parte de ella muy rápido, a diferencia de otras que he conocido a lo largo del tiempo.

Esta y no otra es precisamente la gran ventaja de este movimiento que puede hacer que perdure en el tiempo, por mucho que salgan otras tecnologías que hagan que programar sea más sencillo. Existen comunidades de apasionados de Bubble, de Flutterflow, de Framer que disfrutan de crear productos con estas herramientas y apoyar a que más gente se una a este mismo movimiento.

Creo en el poder del No-code como democratizador de acceso a la tecnología, aunque cambie su forma, el fondo seguirá estando ahí. Por muy fácil que sea programar, incluso con IA, puede suponer una barrera que mucha gente no quiera cruzar y se queden sin lanzar sus ideas al mundo por miedo a la tecnología o por inseguridades. El No-code consigue crear ese efecto refuerzo de que tú sí que puedes llegar a hacerlo. He visto gente que no había creado una web en su vida maravillarse ante poder hacer en menos de una hora su primera web, sin una línea de código. Gente que construye sus primeras aplicaciones y sueña con poder construir su idea de negocio. Gente a la que se le iluminan los ojos al descubrir Zapier y ver lo que puede ahorrarse de trabajo manual en su día a día. Ahora con la IA esto es más que evidente.

Una persona con ganas de construir tiene a su disposición todas las herramientas para convertir su idea en realidad. Lo único que falta es perseverancia, tolerancia a la frustración e ilusionarte por lo que eres capaz de construir. La IA te ayudará en el camino de convertir esa idea en realidad.

Y solo por eso, creo que la Revolución No-code no ha hecho más que empezar.